もう1人の自分

「魂の賢者」を呼び覚ます

高橋佳子

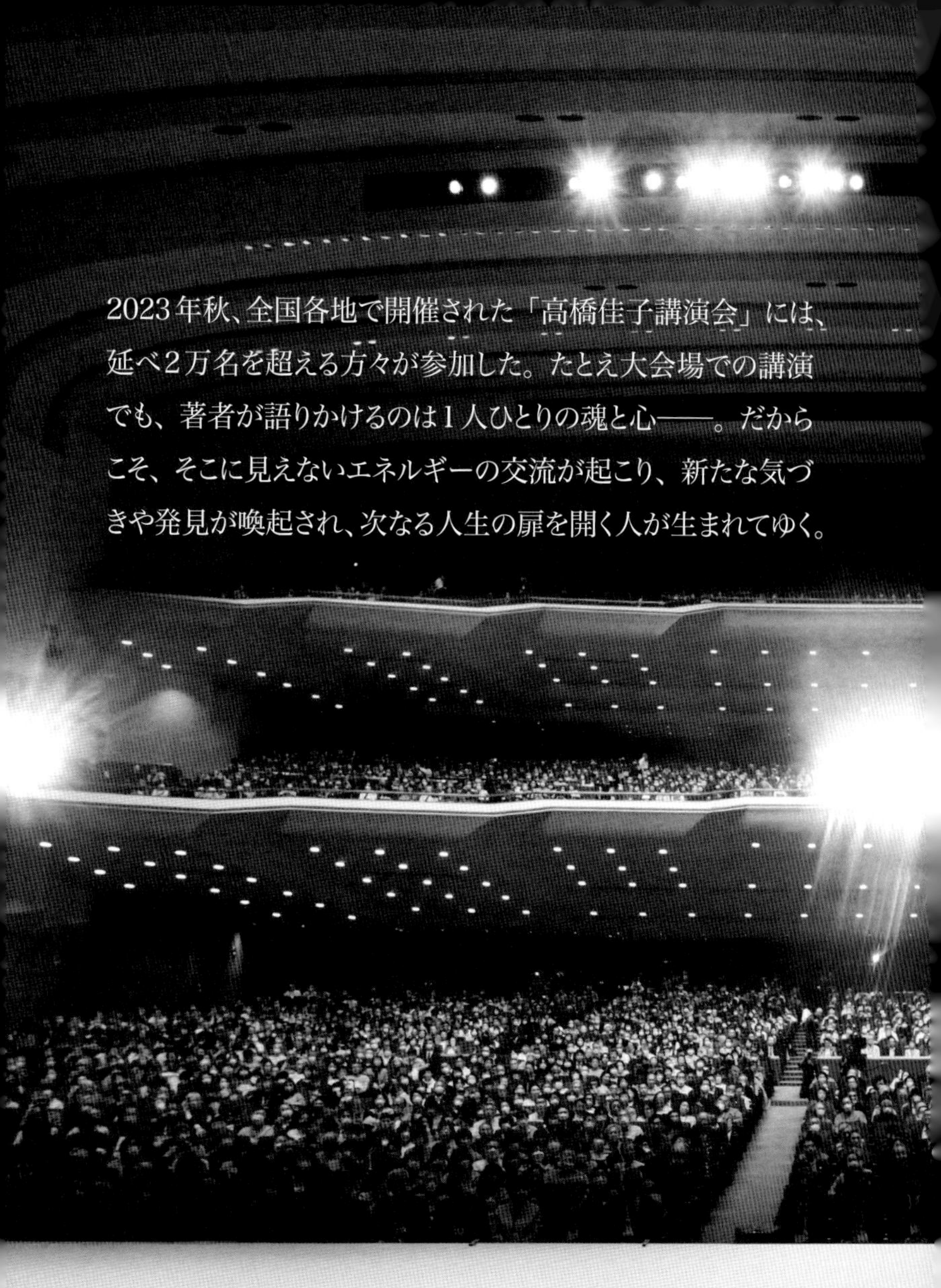

2023年秋、全国各地で開催された「高橋佳子講演会」には、延べ2万名を超える方々が参加した。たとえ大会場での講演でも、著者が語りかけるのは1人ひとりの魂と心――。だからこそ、そこに見えないエネルギーの交流が起こり、新たな気づきや発見が喚起され、次なる人生の扉を開く人が生まれてゆく。

講演終了後も、時間の許す限り会場内で参加者に親しく声をかけ、対話を重ねてゆく著者。その瞬刻の出会いは、1人ひとりにとって魂に刻まれる忘れ難い時となっていった。

もう1人の自分

「魂の賢者」を呼び覚ます

高橋佳子

目次

第2章 魂としての自分

第3章　デフォルトモード

第4章

「賢者」と「破壊者」 153

第5章

「賢者」を呼び出す方法

第6章 時代と響き合う

（写真のキャプション／編集部作成）

プロローグ

先の見えない今、1人ひとりに何ができるか

アフターコロナの日々が始まり、街に活気が戻《もど》って、多くの制約から自由になった私たち。しかし、目の前には、とても順調とは言えない混迷の現実が現れています。

ロシア・ウクライナ戦争に続き、中東ではイスラエル・ハマス戦争が勃発《ぼっぱつ》。世界秩序《ちつじょ》は一層、安定を失い、経済を含《ふく》めて様々な影響《えいきょう》が懸念《けねん》されています。

わが国は、周辺国とのあつれきを恒常的《こうじょうてき》に抱《かか》えています。北朝鮮の核・ミサイル開発、韓国との歴史認識の問題、福島第1原発の処理水放出に対する中国の反発と水産物の輸入禁止など、常に新たな問題が生じています。中国の影響で言えば、傍若無人《ぼうじゃくぶじん》の海洋進出や不動産バブル崩壊《ほうかい》による景気低迷なども未来に影《かげ》を落とす一因です。

一方、国内では、人口減少・少子高齢化による国力の低下が指摘《してき》される中で、政策が右往左往《うおうさおう》するばかりか、政治資金の問題が噴出《ふんしゅつ》。政治不信を増幅《ぞうふく》しているのが現状です。

そして、2024年の年初に能登《のと》半島地震、さらには羽田の航空機衝突《しょうとつ》事故が起こり、コロナパンデミック以降も「まさかの時代」は続いていることを改めて確認することに

なりました。

こうした内憂外患《ないゆうがいかん》を抱え、多くの人々が先の見えない現実に圧迫《あっぱく》を感じているのではないでしょうか。

加えて近年では、人間の能力を上回るＡＩ《エーアイ》（人工知能）の進歩によって、ＡＩが人間社会を支配する懸念も囁《ささや》かれ、未来は一層、不透明《ふとうめい》さを増しているのです。

「これからどうなってゆくのだろう」

「何が起こるかわからない。何を頼《たよ》りに、何を拠《よ》りどころにすればよいのだろうか」

「いったいどう生きてゆけばよいのだろうか」……

もどかしい不透明感、そこはかとない限界感に、私たちはどのように立ち向かうことができるのでしょうか。

どんな時代や社会にあっても、新たな未来を開くには、１人ひとりの側からアプローチしなければなりません。

そのために、私たち自身が自分のもてる力を十全に発揮《はっき》することが不可欠です。

重要なことは、人間の力は、氷山のように、外に現れているものはごく一部で、大半は外には現れず、隠《かく》れているということです（次ページ参照）。

普段、現れている人間の力は、氷山の一角のようにごく一部に過ぎず、
大半は隠れたままになっている

水面上に現れている氷山が「いつもの自分」ならば、水面下に隠れている部分は、普《ふ》段《だん》は意識することもない「もう1人の自分」――。

だからこそ、**私たちに必要なのは、内なる潜在力《せんざいりょく》の象徴《しょうちょう》である「もう1人の自分」なのです。**

私たちは、今こそ、自らの内側に隠れている「もう1人の自分」を発見し、その力を引き出さなければなりません。

しかし、そう言われても、「もう1人の自分って、いったい何?」。そう思われる方が少なくないのではないでしょうか。

そこでまず、「もう1人の自分」を体験した方の話から始めたいと思います。

「もう1人の自分」というブレークスルーの鍵《かぎ》

現在、埼玉県で重症心身障害児施設《じゅうしょうしんしんしょうがいじしせつ》の施設長を務《つと》めている許斐博史《このみひろし》さん。私が提唱する、人間を「魂・心・肉体」の存在として包括的《ほうかつてき》に捉《とら》える「トータルライフ(TL)医療」の中核《ちゅうかく》メンバーとして、30年にわたって一緒《いっしょ》にその推進に尽力《じんりょく》されているお1人です。

許斐さんは、かつてハーバード大学医学部に留学し、その後、国立精神・神経医療研究センターの要職に就《つ》き、医学研究のエリートコースを歩んでいました。

しかし、その後、突然《とつぜん》、その栄光の道を投げ捨て、近隣の病院で1人の医師として働き始めます。それは、周囲の人たちもまったく理解できない、驚《おどろ》くような唐突《とうとつ》な選択《せんたく》でした。いったい何がそうさせたのでしょうか。

許斐さんは、多くの人が羨《うらや》むような環境の中で、「何かが違《ちが》う。自分がすべきことはほかにあるのではないか」と内心の疼《うず》きに衝《つ》き動かされるようになりました。

医学研究は、病や生命の危機に対する根本的な解決をもたらす、かけがえのない取り組みです。しかし、その一方で、研究者の世界は熾烈《しれつ》な競争社会。人間の痛みに応《こた》えるというより、業績を上げることが優先され、そのための研究資金の獲得《かくとく》に血眼《ちまなこ》にならざるを得《え》ない――。

自分の研究が脚光《きゃっこう》を浴びれば浴びるほど、病に苦しんでいる人々との距離《きょり》が遠くなってゆくように感じていたのです。

やがて許斐さんは、自分の心の奥にある「痛みを抱《かか》える人々を直接救いたい」という、やむにやまれぬ想いに応えることを決心。臨床医《りんしょうい》の道を選んだのです。それは、許斐さんの中からもう1人の許斐さんが生まれたとしか言いようのない現実でした。

心身に重い障がいのあるお子さんをもつことは、多くの家族にとって、途方《とほう》に暮《く》れるような困難を抱えることを意味します。子どもにとっても家族にとっても、人生を見失いかねない危機に直面するのです。

その中で、障がいを抱える子どもを他と変わりない魂の存在として受けとめ、どこまでも可能性を信じて関わってくれる許斐さんのような医師の存在が、どれほどの支えとなるでしょうか。実際、許斐さんの施設では、子どもたちの様子が一変《いっぺん》し、安定してゆくケースが跡《あと》を絶ちません。

施設長となってから延べ10万人もの患者さんを診《み》てこられた許斐さん。そのことによって、数多くのご家族の未来が変わることになったのです。

また、弱気で引っ込み思案《こじあん》で、身体も弱く体力もないため、「無理、できない」が口癖《くちぐせ》だった広島県在住の主婦、大山敏恵《おおやまとしえ》さん。

ある日、体調不良のため意識を失って駅のホームから転落。列車との接触《せっしょく》で3・5リットルもの血液を失う大怪我《おおけが》を負い、生命の危機に見舞《みま》われてしまったのです。

その瞬間《しゅんかん》、大山さんは、私が主宰《しゅさい》するＧＬＡで「魂の学」の研鑽《けんさん》を通じて学んだ「試練は呼びかけ」という言葉をつぶやき、試練に遭遇《そうぐう》しながらそれを乗り越えていった多くの実践者の姿を心に蘇《よみがえ》らせて、「さあ、自分の番だ！」と言い聞かせました。

そして、足が車輪に挟《はさ》まれたままの状態で、携帯《けいたい》電話を取り出し、家族やGLAの仲間に自分の状況《じょうきょう》を伝えました。その場にいた救急隊員の方は、「こんな事故現場で冷静に電話をする人を初めて見た」と驚かれたそうです。大山さんの中に隠《かく》れていた人間の力をブーストするスイッチが入ったのです。

九死《きゅうし》に一生《いっしょう》を得たものの、大山さんは左足を失い、大きな不自由を抱えることになりました。まさに人生を潰《つぶ》しかねない大試練です。

しかし、大山さんは、「これは、私の人生への呼びかけだ」と受けとめ、人生を振《ふ》り返る中で、「私は、今まで何も挑戦《ちょうせん》してこなかった……」と思い至《いた》ったのです。

以降、あらゆることに果敢《かかん》に挑戦してゆきました。障害者スポーツ競技会で幾度《いくど》も入賞し、大会新記録をマークするなど、日々、自己ベストを生きる明るく前向きな大山さんに変貌《へんぼう》したのです。

それだけではありません。かつて大山さんが事態を遠ざけ、当たらず障《さわ》らずの関わりに終始していたため、バラバラになりがちだった家族も、絆《きずな》を少しずつ取り戻《もど》してゆきました。心が通《かよ》い合う夫婦になり、娘さんたちとも深い信頼を結ぶようになったのです。ご家族も「姿形《すがたかたち》は母ですが、中身はまったくの別人です」と語っています（許斐さん、大山さんの詳細《しょうさい》は、拙著《せっちょ》『未来は変えられる！』を参照）。

このように、あるときから、それまでとはまったく別人のようになって人生を歩む人がいます。人生の途上《とじょう》で、試練に直面したり、特別な体験が起こったりしたことをきっかけに、新たな人生を歩み始める人がいます。

かつてとはまったく異なる心のはたらき――感覚・感情・思考・意志をはたらかせ、新たな現実を切り開いてゆく。すべてが変わってしまうのです。

考えてみれば、人生には試練や問題がつきものです。人間関係の行き詰《づ》まり。仕事の困難や挫折《ざせつ》。家庭の問題や職場での試練。難局を打開したくても、どうすることもできずに立ち尽《つ》くしてしまう――。

それらは、私たち自身が抱える限界です。そうした限界に直面し、呻吟《しんぎん》した経験のある人は、決して少なくないでしょう。中には、人生そのものを失いかねないような限界に突《つ》き当たる人もいるのではないでしょうか。

しかし、**その限界を乗り越えさせ、壁《かべ》の向こう側に運んでくれるものがあります。**

それこそが、「もう1人の自分」の存在なのです。

私たちの中にいる「もう1人の自分」が、それまで抱えていた限界を、驚くべきやり方で突破《とっぱ》させてくれます。「もう1人の自分」の誕生は、どうすることもできなかった限界を打ち破るブレークスルーの瞬間なのです。

私の「もう1人の自分」体験

今回、『もう1人の自分』というタイトルの本を出版させていただいた理由——。それは、ほかならぬ私自身が、「もう1人の自分」の体験によって、人生を大きく変えてきた1人だからです。

私にとって、「もう1人の自分」の体験は、一見《いっけん》、偶然《ぐうぜん》の出来事のように見えて、実はそうではなく、人生の大いなる必然でした。

私が最初に「もう1人の自分」に遭遇《そうぐう》したのは、まだ5歳の頃《ころ》。家族と出かけた帰路に突然《とつぜん》具合が悪くなり、倒《たお》れてしまったときでした。

近くの医院に運ばれた私は、周囲から見れば気を失ったようになっていましたが、いわゆる幽体離脱《ゆうたいりだつ》を起こして、身体《からだ》の外から自分を眺《なが》めていたのです。

ベッドに横たわった私の横で、医師と両親が心配そうに私を見ています。身体は動かないのに、意識は目覚めている状態でした。ベッドに横たわっている自分と目覚めている自分——。「もう1人の自分」を体験していたのです。

さらに途中《とちゅう》、私は、精妙《せいみょう》な光のドームのような場所にいて、言葉にならない覚醒感《かくせいかん》と世界との一体感を体験していました。

「そうそう、そうだった。そうだった」

幼い自分には言葉にしがたかったことですが、普段《ふだん》の自分が知っていたことはごく一部分で、真実はそれをはるかに超《こ》えるもの——。その真実がすべて明らかになる場所があることを知ったのです。

そして、身体を抜《ぬ》け出した「もう1人の自分」こそが本当の自分なのだという感覚は、余韻《よいん》のように私の中に残り続けました。

それ以降、新たなチャンネルが開いたかのように、様々なことが起こりました。感覚が鋭《するど》くなって、人の気持ちを手で触《ふ》れるように感じ始めたり、風景や景色の見方が変わったりしましたが、周囲の理解を得《え》られず孤立《こりつ》することもありました。

異国のヴィジョンが見えたり、起こり得《う》る未来の断片《だんぺん》を感じたり、目には見えないはずの霊的な存在が毎夜現れたり……。

初めての体験に怖《おそ》れを感じることもありましたが、次第《しだい》に慣れてゆきました。

中学生の頃には、激しい雷雨《らいう》をきっかけに自分の中から知らない言葉（異言《いげん》：異言については、新約聖書『使徒言行録《しとげんこうろく》』の2章に「炎《ほのお》のような舌が分かれ分かれに現れ、1人ひとりの上にとどまった。すると一同は、聖霊《せいれい》に満たされ、〝霊〟が語らせるままに、ほかの国々の言葉で話し出した」とあります）があふれ、父の導きで、心と魂が同通する道——霊道を開くことになりました。

霊道を開いてから、私は「もう1人の自分」に語りかけるようになり、「もう1人の自分」も私にはたらきかけてくることが増えました。

私は、「もう1人の自分」を新たな人生のガイドのように受けとめて、その言葉に大きな信頼《しんらい》を寄せていったのです。

この歩みを進める中で、私が大切にしてきたこと——。それは、自分が向き合っている「もう1人の自分」が己心《こしん》の魔や分裂した自己ではないことを、常に確かめるということです。「もう1人の自分」とは、私たちの本心につながる源《みなもと》であり、その存在と声は、私たちをより強く一貫《いっかん》させ、スッキリとさせてくれるものなのです。

2つのチャンネル――並行宇宙を生きていた

私は、日常的な普通の感覚と、特別な感覚の2つを抱《いだ》いて生きることになりました。昼と夜、家族や学校の友人たちと見えない世界の存在。あたかも異なる2つのチャンネルをもって、次元の異なる並行宇宙を経験するような感じだったのです。

人々や街並みは、何も変わらない同じ世界に見えます。しかし、そこで起こっていること、使われる感覚はまったく別のもの。体験することは次元の異なることでした。

そのような2つの宇宙を行き交《か》いながら、私は、人間とはいかなる存在なのか、人生とはどういうものか、人として生きる道を探し求めてきたのです。

友人たちや出会った人たちの様々な相談に乗ったり、近くの乳児院でボランティアとして子どもたちの世話をしたり、見えない霊たちが訴《うった》える無念の想いを受けとめたり、目の前に現れる問題の解決に心を尽《つ》くしたりしたことも、その一面です。

小学校、中学校、高校と、たくさんの友人たちと出会い、様々な経験を積み重ねたことは、心躍《こころおど》る時間でした。机を並べて学んだことも、スポーツや武道で一緒《いっしょ》に汗《あせ》を流したことも、忘れることのできない思い出です。

それでも、すべてを彼らと分かち合うことはかないませんでした。

私は、自分が感じていることと、隣《となり》の友人たちが感じていることは、同じではないこともわかっていました。そして彼らが、私が感じていることをすべて理解するのはむずかしいだろうということもわかっていたのです。

だからこそ**私は、この2つの宇宙、日常的な感覚世界と超感覚世界を1つにつないで生きることを呼びかけられていたのです。**

それは、さらに言えば、内側だけの問題ではなく、私たちの内界と外界を本当の意味で確かにつなぐことであり、内なるリアリティを現実に反映させて生きることでした。そもそも、生きることは内と外をつなぐこと以外の何ものでもないのです。

しかし、それがいかに困難なことであったか。なぜなら、そのもっとも基本的な「心と現実をどうつなぐか」ということさえ、私たちは誰《だれ》も教えられたことがないからです。家庭でも学校でも、そのテーマと正対《せいたい》して教えられることはなく、自らが切り開かなければならない道だったのです。

深くよく生きる——父から教えられたこと

その中で、同じように「もう1人の自分」の体験を重ねていた父、高橋信次は、私にとって特別な存在でした。父と一緒《いっしょ》にいるときは、この2つの宇宙のことを別々に意識することはなかったからです。それらは、常に日常とともにあったのです。

中学生の頃《ころ》のある日、突然《とつぜん》、父が新聞社の記者の方と出会っている場に呼ばれて、いきなり「この人の仕事はどういうものか」「悩んでいることは何か」「この人の身体《からだ》の状態はどうか」と聞かれる。また、夜中に離《はな》れたところから電話してきて、「今からテレパシーを送るから、その言葉を書き取りなさい」と言われる。そういうことはよく起こり、特別な感覚は普段《ふだん》の生活の中にあったのです。

こうした特別な感覚――霊道を開くことも、「もう1人の自分」を体験することも、それ自体は、悟《さと》りでも解答でもなく、正しさを保証するものでもありません。それは、到達点《とうたつてん》ではなく、私たちが新たな次元の生き方を始める出発点です。

そして、**私にそのような感覚や力が与《あた》えられたのは、それらによって応《こた》えなければならないことがあるからです。**

それは、この世界に満ちる様々な問題に解決の道をつけ、出会う人それぞれが試練や困難を乗り越え、いきいきと輝《かがや》き、人生の使命を果たすことができるように同伴《どうはん》させていただくこと。あらゆる問題は、そこに関わる人間の心と魂が深く関わっているがゆえ

に、魂と心と現実の3つの次元の因果《いんが》関係を読み解く力がなければ、根本的解決を導くことはできないからです。

本書の各章で触《ふ》れる、通常の五感を超《こ》えた出会いや関わりも、そのためのものであるということです。

父との思い出は、もちろん、こうした感覚のことだけではありません。

父の故郷である長野県の山野《さんや》を歩き、瞑想《めいそう》の時を過ごした日々は、かけがえのない体験として心深くに刻まれています。

父と共に王滝村《おうたきむら》やその近隣《きんりん》で、滝行《たきぎょう》をしたり、火渡《ひわた》りをしたり、また、内山峠《うちやまとうげ》から荒《あら》船山《ふねやま》への途上《とじょう》や、分杭峠《ぶんぐいとうげ》沿《ぞ》いの山の人の気配《けはい》がなくなった場所でよく禅定《ぜんじょう》をしました。

澄《す》みきった山の空気が身体に染《し》み渡《わた》り、呼吸を深めてゆくと、意識が沈黙《ちんもく》してゆきます。その静寂《せいじゃく》の底で、私はしばしば自分の身体をはみ出して、そこにある光景と一体になる「もう1人の自分」を体験しました。

幼い頃から、父は私たち子どもには厳しく指導しました。陸軍幼年学校に通《かよ》っていたこともあり、体罰《たいばつ》も辞さない姿勢だったのです。

でも同時に、こよなく人情を大切にする人でした。

「他人《ひと》の気持ちをわかる人間になれ」「困っている人がいたら、助けてあげなさい」が口癖《くちぐせ》でした。

まっすぐで優しい心、勇気ある心、強くしなやかな心を育て、それを現実に生きるように促《うなが》されていたと思います。

実際、父自身がそうありたいと願い、そう生きることに努めていたのです。

魂と交流する霊的な指導によって、父は数え切れない方々の試練を打開し、人生を導くことになりましたが、その歩みにおいても、その姿勢は一貫《いっかん》していました。

「内なる魂の力が開かれても、もし、心が未熟で調和を失っていたら、何の意味もない。むしろ、最悪の結果になる。魂の力は、ものごとを破壊《はかい》する力にさえなってしまうからだ——」

それは、父が生涯《しょうがい》をかけて確かめてきた人生の黄金律《おうごんりつ》と呼ぶべきものでした。

私にとって、その黄金律は、「人生をよく生きろ」という教えです。特別な力をもたらされたのは、その力を使って応えなければならないことがあるから。人生を全《まっと》うすることが何よりも大切だと思ったのです。

父の言葉は、そう受けとめた私を、今も後押《あとお》ししてくれています。

「お父さんは、これまでいろいろなことに疑問をもった。旧来の宗教は、その多くが化石化してしまっている。本当の教えは、人々の心の中にあるはず。限られた人たちだけがわかるものではない」

「人間には、他人には嘘《うそ》をつけても、自分には嘘をつけない心がある。その良心を生きなければならない」

「素晴らしい心のもち主が10人いれば、世界は救えるのだ」

2つの宇宙を生きることは、特別なことであって特別ではない——。私は、人として深くよく生きることが何よりも大切であることを確かめていったのです。

世界の源《みなもと》に触《ふ》れる

20代半《なか》ば頃《ごろ》の父は、自分がどのような人生を歩むのか、48歳までの人生を予言のように語りましたが、その言葉通り、48歳でこの世を去り、次なる世界に旅立ちました。

父は、亡くなる2年ほど前から、「僕《ぼく》にはもう時間がない」と繰《く》り返し語るようになっていました。

亡くなる前年の1月、父は、私を真剣《しんけん》に見つめながらこう言いました。

「お父さんは、お前じゃないかと思うんだ」

突然《とつぜん》、長い間探していた後継《こうけい》の青年が私ではないかと言い出したのです。

「私が？まさか、違《ちが》うでしょう？」

そう応《こた》えるしかありませんでした。準備ができていなかったのです。

歩むべき道への覚悟《かくご》がまだ整っていなかったということです。

私が父からのバトンを受け取り、その覚悟を示したのは、翌年の3月のこと――。啐《そっ》啄同時《たくどうじ》の出会いと言えるものでした。

その出会いが現成《げんじょう》したのは、その少し前に、父とよく訪れていた伊豆《いず》の海辺で、特別な「もう1人の自分」体験があったからです。それが私の準備を整えたのです。

その日、私は海辺に佇《たたず》んで、これからの未来に想いを馳《は》せていました。

美しい浜辺の向こうに陽《ひ》が落ち、暗くなった空に無数の星々が輝《かがや》き始めたとき、1つの星が瑠璃色《るりいろ》の光を放《はな》ち始めました。

他の星々が色彩《しきさい》豊かな光を放ってゆらめく中で、光のフレアが現れ、そのフレアを中心に展開すると、私は、その変化と変容《へんよう》の空間を、あたかも光速で疾走《しっそう》する宇宙船から見ているように体験していました。

ミクロとマクロの世界が交互《こうご》に目の前に現れ、それらが同じようにつながり、響《ひび》き合っている姿を見せていました。

打ち寄せる波の音を背景にして、光の饗宴《きょうえん》そのものが一即多《いちそくた》、多即一《たそくいち》の神理《しんり》を表していました。光と音の波動《はどう》の渦《うず》の中で、そこにあった星々も、樹々《きぎ》も、遠くに見える山々も、打ち寄せる波も、足元にある石ころも砂も、そして私自身も、すべてがつながり、1つであることを訴《うった》えていました。

それは、5歳の頃に身を置いたあの光のドームのようであり、何もかもが1つになる世界の根源《こんげん》に触れる体験だったのです。

新たな「もう1人の自分」体験

そのとき体験した源《みなもと》の次元については、1982年に出版した拙著《せっちょ》『生命《せいめい》の余白《よはく》に』（GLA出版局）の「人間の諸相《しょそう》」に書かせていただきました。

かつて「私」は空《くう》を住処《すみか》とし　境《さかい》を持たず　流れる理《ことわり》のままに
相対《そうたい》の世界に　固定の枠《わく》をあてがうことなく

智慧《ちえ》の現われをこそ　自らの身体《からだ》となしていた
智慧とはただなることであった

私は樹々《きぎ》であり　山であり
海であり　月であった
私は彼であり　人々であった

私が私であると同時に、樹々であり、山であり、人々でもある場所に触《ふ》れたとき、それまで私の前に立ちはだかっていた壁《かべ》が砕《くだ》け散《ち》ったのです。

それは、新たな「もう1人の自分」の体験でした。

私自身の深奥《しんおう》から熱いマグマが噴《ふ》き上がって全身に広がり、さらには身体を超《こ》えてどこまでも広がっていったのです。

私は、あらゆるものごとの奥深さを垣間見《かいまみ》、感じていました。

すべての存在は、バラバラに孤立《こりつ》するものではなく、互《たが》いに見えない絆《きずな》で結ばれている。その1つ1つにかけがえのない意味がある。

星雲と星々、原子、分子、細胞、生物、生態系、生物圏《けん》の全体だけではなく、様々な集団、組織、社会、さらには意識と精神、人間が生み出してきたあらゆる文化一切《いっさい》を包《ほう》含《がん》する全体を貫《つらぬ》く万物《ばんぶつ》の法則がある。

光に見えるものも、闇《やみ》に見えるものも、単純に決めつけることはできない。闇の奥に光があり、光の内に闇がある。人の苦しみも、悲しみも同じ——。

それにどう触れるかによって、光にも闇にもなる。それらは、時の流れと縁《えん》によって万華鏡《まんげきょう》のように変化し、移り変わってゆく。

すべては導かれ、時を超える変わらぬものを生み出そうとしている。

そして、力も叡智《えいち》も、私たちに必要なもの一切はすでに与《あた》えられている。私たちは、それを思い出し、蘇《よみがえ》らせることができる。

人はつまずき、問題を抱《かか》えることで、ときに人生を手放し、失ってしまう。その喪失《そうしつ》は誰《だれ》にでも起こり得《う》るのに、その痛みは底知れぬほど深い——。私が受けとめてきた人たちの不安も、無念を抱えた霊たちの苦悩《くのう》もそこにつながっている。

私がすべきことは、失った人生を取り戻《もど》し、もともと人生に託《たく》された青写真の輝《かがや》きを実現できるように、少しでも本来の軌道《きどう》に近づけるように手助けすること。そして、その人の中から本当の智慧《ちえ》を抱《いだ》いた賢者《けんじゃ》の魂が生まれることを手伝うこと――。私に与えられた特別な感覚は、それを果たすためにこそ、使うものだと思ったのです。

すべてがつながる「もう1つの次元」「もう1人の自分」を知ったとき、見出《みいだ》すべき智慧とは、この世界の理《り》不尽《ふじん》さや不条理《ふじょうり》の裏にある大いなる導きであることを悟《さと》ったのです。

父と魂の出会いを果たしたのは、それから数週間後――。

私は、自らの魂を自覚し、父から魂のバトンを引き継《つ》いで、魂の使命を果たす覚悟《かくご》を伝えました。

そして、その証《あかし》を示すように、それまでの父の人生の足跡《そくせき》とそこに孕《はら》まれた意味を紐《ひも》解《と》きました。過去の選択《せんたく》がその後の人生をどうつくっていったのか、私が生まれる以前の人生の岐路《きろ》や、父自身も忘れているような事実を言挙《ことあ》げし、織《お》りなされた人生の物語を語り伝えたのです。

「お前の言った通りだ。間違《まちが》いない。そうか、あの出会いはそういうことだったのか。そうか、そうだったのか……」

父は涙《なみだ》ながらに何度も大きく頷《うなず》いていました。

そうして始まった、その後の47年に及《およ》ぶ私の歩みは、常に2つの世界、2つの宇宙をつなぎ、「もう1人の自分」を引き出すことに貫《つらぬ》かれるものとなったのです。

科学の世界で変化の兆《きざ》しが生まれている

「もう1人の自分」体験は、人間を魂の存在と見る人間観・世界観と切り離《はな》すことができません。

しかし、物質的な世界観の中で生きる人々に魂の世界観を伝え、その2つの世界を結ぶ困難さは、今も厳然《げんぜん》と存在していることを認めなければなりません。

その困難さは主に、人々が信奉《しんぽう》する、いわゆる科学的な世界観がそれ以外のものを受け入れないことに起因するものです。

しかし、科学の世界もそのままではありません。

私が体験の中で触《ふ》れた世界の根源《こんげん》のような次元——。その体験につながるような科学的な仮説が、現代科学の最先端《さいせんたん》の1つである量子《りょうし》物理学に生まれているのです。

ここでは、2つの世界、2つの宇宙をつないで生きることを志す、私たちの未来への応援《おうえん》として、その変化の兆しについて触れておきたいと思います。

ビッグバンが起こる前、宇宙は何も存在しない無の状態であったと言われています。量子物理学では、量子真空《しんくう》と呼ばれています。

量子真空は、何もない空《から》っぽの真空ではなく、すべてを生み出したビッグバンの直前の真空――つまり、すべてが詰《つ》まった真空です。その量子真空の中に、「ゼロ点場《てんば》」と呼ばれている場所があります。このゼロ点場仮説が、変化の兆しの主人公です。

そこには、宇宙で起こること、あらゆる出来事、経験、記憶、想念が、すべて波動《はどう》の重なり合い――波動情報として記録されているというのです。

量子真空では、波動は減衰《げんすい》することなく、その場に残された記録は永遠に残ります。まさにそれは、これまで「アカシックレコード」などと呼ばれてきた次元と重なるものではないでしょうか。

私たちの周囲に起こる不思議《ふしぎ》な偶然《ぐうぜん》の一致《いっち》――シンクロニシティやセレンディピティ。予感・予知・テレパシーの力。人間が魂として転生《てんしょう》することを示唆《しさ》する、世界各地で報告されている前世《ぜんせ》の記憶を語る子どもたちの存在――。

それらは、これまで科学的な世界観とはまったく相容《あいい》れない問題であり、科学の側からアクセスすることはほとんど不可能なテーマでした。

しかし、ゼロ点場仮説は、まさに科学の範疇《はんちゅう》にあって、それらの謎《なぞ》にアプローチし、その秘密を解き明かすきっかけとして注目され始めているのです。

あなたの中の「もう1人の自分」を信じてほしい

さあ、いかがでしょうか。

「もう1人の自分」を発見し、実感することの意義。それはどんなに強調してもし過ぎることはありません。

自らの中に隠《かく》れていた「もう1人の自分」が呼びかけ、目覚めを体験することで、新たな人生を開く準備を整えてゆく――。

そのこと自体は、誰《だれ》であっても、この本を手に取ってくださったあなたも同じではないでしょうか。

「もう1人の自分」が明瞭《めいりょう》な姿をもって感じられ、私たちを励《はげ》まし、行くべき道を指し示してくれることもありますが、多くの場合、「もう1人の自分」は、明らかな形ではなく、出会いや出来事に伴《ともな》う内心の声として現れてきます。

ぜひ、その声に耳を澄《す》ませ、真摯《しんし》な想いで向き合っていただきたいのです。

それは、あなたの中で新たに始まる目覚めの物語――。

重要なことは、誰の中にも「もう1人の自分」が隠れているということです。

その自分は、あなたと響《ひび》き合いたいと願っています。

隠れた智慧《ちえ》と力は、外に現れる機会を待っているのです。

本書が、あなたと、内なるもう1人のあなたとの出会いを少しでも支え、導く助けとなることを願ってやみません。

2024年1月

高橋佳子

第1章　もう1人の自分

「自分のことは自分がよくわかっている」
誰《だれ》もが抱《いだ》くその想いによって
人は多くの限界を自ら生み出している。
「自分に対する常識」が、内なる力を封印《ふういん》しているのである。
しかし、あなたの中には
あなたが知らない「もう1人の自分」がいる。
これまでの限界を超《こ》えるあなた自身が息づいている。

自分に対する常識

あなたは、自分自身をどのような人間であると思っているでしょうか。

「社交的で活動的。人間関係を広げてゆくことに価値を感じる」

「人と関わるのが少し苦手。静かに読書や音楽を聴くことを大切にしている」

「真面目《まじめ》で勤勉なタイプ。冒険《ぼうけん》はしないけれど堅実《けんじつ》」

「ものごとにこだわる傾向《けいこう》がある。熱中すると周囲が見えなくなる」

誰《だれ》もが自分に対して、こうしたイメージを抱《いだ》いているのではないでしょうか。

自分に対するイメージは、1度できあがると、多くの場合、一生を通じて変わることがありません。なぜなら、そのイメージを点検し、吟味《ぎんみ》することはほとんどないからです。

私たちは、長い時間をかけて、「私はこういう人間」というイメージを何度も繰《く》り返し刷《す》り込《こ》んで定着させているのです。誰もがそうやって「自分に対する常識」をつくりあげてきたということです。

それが決定的な限界をもたらす

「自分に対する常識」は、実は、自分の勝手な思い込《こ》みかもしれず、誤りかもしれないものです。にもかかわらず、その常識が人生をつくってしまう――。

「自分に対する常識」が「目標の限界」と「挑戦《ちょうせん》の範囲《はんい》」を定め、私たちがその人生で行くことができる場所を決めてしまうということです。

想像してみてください。

「自分はこれくらいの人間」。そう思っていれば、「これくらい」を超《こ》える目標を抱《いだ》くことはできません。「挑戦の範囲」も、「これくらい」になってしまうでしょう。「自分に対する常識」をはみ出して、新たな挑戦を果たそうとは決してしないのではないでしょうか。

「私にはできない」「私には才能がない」と能力に対して限定し、「女性だからこうでなくてはならない」「こんな年齢《ねんれい》になったからできない」と性別や年齢で限定し、「私は経営者だからできて当然」「私は平社員だから提案などできない」と立場で限定しているのではないでしょうか。

そしてそれらは、思い描《えが》く力――想像力の限界になり、行動力の限界を生み出し、創造力の限界を定めてしまうのです。

「過去の寄せ集め」に人生を預けていないか

私たちは、この「自分に対する常識」をどのようにつくってきたのでしょうか。

まず、それは、例外なく過去の経験の寄せ集めであるということです。

「あのときはこうだった」「このときはああだった」

人生の折々《おりおり》の経験の記憶《きおく》が、「自分」の輪郭《りんかく》を形づくっていることは確かでしょう。

けれども、その記憶の中の自分は、今このとき、ここにいる自分ではありません。そして、未来のあなたでもなく、本当のあなたでもないのです。

最近、何かの判断をしたときのことを思い出してください。

あなたは、そのときの判断を、かつての自分に委《ゆだ》ねていませんでしたか。

かつて失敗したときの恐ろしい気持ちが蘇《よみがえ》って、足がすくんでしまった。周りの人たちの視線。あのときのみじめな想いで心が覆《おお》われ、前へ進むのをやめてしまった。

逆に、過去味わった華々《はなばな》しい成功の記憶、大きな手応《てごた》えの感覚から、「これならいける。大丈夫《だいじょうぶ》」と強引《ごういん》に進めていった――。

過去の経験に基づいて判断を行うことは、一面では、合理的な意思決定の方法なのかもしれません。

しかし同時に、それが私たちの人生に様々な限界をつくり出しているのです。

他人がつくった「自分の常識」でよいのか

それだけではありません。

「自分に対する常識」は、自分がつくり出したものという以上に、自分以外の誰《だれ》か、家族や友人、知人などの人間関係によってつくられてきたものではないでしょうか。

周りの人と、ある1つの話題について話し続ける間に、私たちの心は、周りの人たちの心の色に染《そ》まってしまいます。周りの人たちの興味関心が、あたかも自分自身の興味関心であるかのように、私たちの中に入り込《こ》んでしまうのです。

あなたは、日頃《ひごろ》、どのような人たちと話をしていますか。そこで話し合われている内容と、今、あなたが抱《いだ》いている関心。それは、驚《おどろ》くほど一致《いっち》していないでしょうか。

心は、周りの人の心と映し合い、響《ひび》き合うものです。日々、どんな話をしているのか、どうコミュニケーションを重ねるかを通じて、私たちは、それぞれの自分像を知らず知らずのうちに描《えが》き続けているのです。

つまり、関わりが自分に対する常識をつくりあげるということです。

生まれ育ちにおいては、もっと決定的です。**私たちは、生《お》い立ちの中で、無意識のうちに両親や家族の考え方や価値観を自分に写し取ってゆきます。家族が自分に対して抱いているイメージを、自分像として刷《す》り込むのです。**

「お前は優秀《ゆうしゅう》」

「あなたは特別」

「お前は何をやってもダメ」

そう言われ続けたら、そう思い込むにしても、反発するにしても、大きな影響《えいきょう》を受けないわけにはいきません。

さあ、いかがでしょう。

私たちは、自分の人生を、ほとんど無自覚に「過去の寄せ集めの自分」と「周りの人たち」に預けてしまっているのです。

それをそのままにしておいてよいのでしょうか。

心の声――「常識」を超《こ》えさせるもの

意識して立ち止まらない限り、人生は、「自分に対する常識」に従って営まれてゆきます。その常識に大きく左右され、束縛《そくばく》されざるを得ません。

しかし、私たちの人生は、本当にそれだけのものなのでしょうか。

あなたは、すべての人生の瞬間《しゅんかん》を、「自分に対する常識」に従って生きてこられたのでしょうか。

その**「常識」とは異なる生き方を示したことはなかったでしょうか。**

いつもと同じ選択《せんたく》をしようとしたとき、ふと「そうじゃない」と、心の奥で声が響《ひび》く。その声を聴《き》いて、それまでとは違《ちが》う選択をしたこともあったのではないでしょうか。

些細《ささい》なことから友人と言い争いになり、喧嘩《けんか》別れになったとき、「どう考えても相手が悪い」と思いながら、心の奥から「このままでよいのか」と問う声が響き、我《われ》に返って関係の修復に向かう。

また、場の雰囲気《ふんいき》に流されて大きな約束をしてしまった後で、「それでよいのか」という心の声に促《うなが》され、自分の本心ではないことに気づき、お詫《わ》びとともに断りの連絡《れんらく》をする。

将来の仕事を決めるとき、それまでならすぐにあきらめて、行きやすいところに決めてしまうのに、心の声が響いて、本当に自分がやりたい仕事を選択する。

人生の岐路《きろ》に直面したとき、これまでになかった試練が降りかかったとき、本当に大切な選択の前で、内からの声に応《こた》えるように「このままではいけない」と新たな選択をする――。

あなたにも、そうした場面が1度や2度はあったのではないでしょうか。

そのとき、心に響いていた声は、「自分に対する常識」に従っていたわけではないでしょう。それは、明らかに「自分に対する常識」を凌駕《りょうが》し、もっと深くにある心の疼《うず》きや本心、心の本当の願いに応えていたのです。

心の声はどこからやってくるのか――「もう1人の自分」

その心の声とは、いったい何でしょうか。

その声の主は、誰《だれ》なのでしょうか。

それは、「常識」に従うだけではない誰かの声であり、その誰かとは、「常識」によってつくられたものではない存在です。

それは、私たちの心の奥にいる「もう1人の自分」と呼ぶことができるのではないでしょうか。

「もう1人の自分」は、普段《ふだん》は沈黙《ちんもく》を守っていますが、そのはたらきを示すとき、「常識の自分」よりもはるかに智慧《ちえ》深く、冷静で的確な判断をもたらすことができます。

何よりも、「もう1人の自分」は、私たち自身の本心、本当の願いに通じていて、その言葉で語ることのできる存在なのです。

重要なことは、「もう1人の自分」は観念的な次元にとどまるものではなく、現実の次元と強く結びついたものであるということです。「もう1人の自分」を引き出すことは、必ず、現実の変化をもたらすのです。

必要なときに現れ、大切な助言や示唆《しさ》を与えて、現実を変える力をもたらし、いつでも私たちに協力することを本当に願っているということです。

私たちは、その「もう1人の自分」に心から共鳴《きょうめい》し、協力することによって、これまでの人生で示すことのできなかった境地を得て、新しい生き方ができるようになるのです。

なぜなら、「もう1人の自分」とは、まだ私たちが知らない自分の隠《かく》れた力を湛《たた》えているからです。プロローグで触《ふ》れたように、人間を氷山の全体と考えるなら、普段の自分を表す水面上の部分に対して、「もう1人の自分」は、その大半である水面下の部分を体現する存在です。

「もう1人の自分」は、心の声を送ってくるだけではありません。危急のときに現れる火事場《かじば》の大力《おおぢから》、普段の自分には思いつかないアイデアやインスピレーション、知識や経験を超越《ちょうえつ》して叡智《えいち》につながる直感（直観）、ゾーンやフローと呼ばれる状態をも、もたらしてくれるのです。

「もう1人の自分」を発見せよ

本書を手にされたあなたは、どのような形であれ、「自分の人生を変えたい」「新しい人生を歩み出したい」という気持ちを抱《いだ》いていらっしゃるのではないでしょうか。

だとすれば、まずは、あなたの中にある「自分に対する常識」を横に置いてみなければなりません。

なぜなら、あなたの中には、普段《ふだん》、何となくイメージしている「常識の自分」とは違《ちが》う、今のあなたが知らない「もう1人の自分」がいるからです。

突然《とつぜん》そう言われて戸惑《とまど》いを感じる人もいるでしょう。当然のことです。「もう1人の自分」は、日常の中では、ほとんど意識することがありません。中には、一生、その自分と出会うことなく、人生を終えてしまう人もいるのです。

しかし、何かをきっかけとして、その「もう1人の自分」が現れてくることがあります。そして、その存在は、私たちの人生に決定的な影響《えいきょう》を与《あた》えてしまうのです。

プロローグでも触《ふ》れたように、本書での「もう1人の自分」は、本心、魂の願いに直結した存在です。その心の声は、不安定なものでも、怖《おそ》れを引き出すものでもありません。

己心《こしん》の魔でも分裂した自己から生まれたものでもなく、また、疑いや妬《ねた》みなどの煩悩《ぼんのう》の想いでもないことを常に確かめてゆくなら、大いなる安心と勇気、そして目の覚めるようなスッキリとした覚醒感《かくせいかん》さえもたらすものなのです。

人生を変えてしまう「ユニバース体験」

私が、「ユニバース体験」と呼んでいる体験があります。

宇宙飛行士が地球の重力圏《けん》を飛び出し、今まで生活していた地球を外側から見たとき、

「言葉にならない郷愁《きょうしゅう》を覚え、国や民族の違《ちが》いを超《こ》えて、かつてない一体感を覚えた」と語る体験がその1つです。

宇宙は私たち自身であり、あらゆる意味で私たちの源泉《げんせん》です。

もし、宇宙の真実のありようを直接感じ、見ることができるなら、私たち自身はどのように変貌《へんぼう》するのでしょうか。

宇宙そのものを体験するとき、私たちは、自分が宇宙と分かちがたく結びついていることを、言葉を超えて感じます。

人間は、宇宙と切り離《はな》された存在ではなく、宇宙と一体になった生命の一部。そして私は、ただ偶然《ぐうぜん》、無意味に、ここにいるわけではない。意味があり、理由があって、ここにいる——。

地球の外に飛び立った多くの宇宙飛行士は、その特別な瞬間《しゅんかん》を体験したのです。

アポロ9号の宇宙飛行士ラッセル・シュワイカートは、「宇宙体験をすると、それ以前と同じ人間ではあり得ない」と言っています。

そこに現れたのは、「いつもの自分」ではなく、まったく新たな世界を感じている「もう1人の自分」。その経験が、それまでとは違う新たな人生を歩み出すきっかけになるのです。

実際、彼らの中には、その後の生き方が大きく変わり、キリスト教の伝道師になった人たちもいます。

危急のときに現れる「もう1人の自分」＝サードマン

史上初めて単独無酸素でエベレスト登頂に成功し、世界の8000メートル峰《ほう》14座すべての初登頂を果たした登山家ラインホルト・メスナーは、「もう1人の自分」があたかもそこに実在する人間として姿を現すという不思議《ふしぎ》な体験をしています。

メスナーは、1970年にナンガパルバットの単独登頂に挑《いど》んだとき、キャンプに残してきたはずの弟ギュンターが、勝手に最後の登攀《とうはん》に加わってしまうという予期せぬ事態に遭遇《そうぐう》しました。

登頂後、自身もギュンターも、疲労困憊《ひろうこんぱい》の中で下山《げざん》を始めますが、ギュンターがひどい状態に陥《おちい》り、当初予定していたコースでの下山をあきらめ、未知のコースを選ばざるを得《え》なくなります。

2人の疲労が限界に近づく中、メスナーの前に第3の男――サードマンが現れたので

画像 by VichoT：ゲッティイメージズ提供

す。

その男はメスナーに語りかけ、下山への意志を鼓舞《こぶ》し続け、さらには折々《おりおり》の判断の助けにさえなってくれました。

その後、ギュンターは、不運にも雪崩《なだれ》に巻き込《こ》まれて亡くなってしまいますが、メスナーは後日、この存在が自分の意識を安定させ、適切な判断のためにどれだけ力になったかを語っているのです。

2001年の9・11アメリカ同時多発テロの最中にも、同様の出来事が起こっています。

ニューヨーク・マンハッタンの世界貿易センタービルを襲《おそ》った突然の悲劇は、未曾有《みぞう》の混乱を生み出しました。

そのとき、ビルの上層階にいたロン・ディフランチェスコ氏も、困難の中で脱出《だっしゅつ》を試みた1人です。しかし、建物は激しく揺《ゆ》れ、煙《けむり》がもうもうと上がり、階段を下っていった先で炎に遭《あ》い、崩《くず》れた壁《かべ》に阻まれて絶体絶命の事態に陥《おちい》ってしまったのです。

そのとき、彼を導こうとする「もう1人の自分」が現れました。

「立ち上がれ！」「お前にはできる」

単に声を聞いただけではありません。確かにそこに誰《だれ》かがいたと言うのです。そして、その存在に導かれるようにして、ディフランチェスコ氏は再び階段を下り始め、瓦礫《がれき》と炎の中を駆《か》け抜《ぬ》け、外に出ることができました。

その直後、ビルは跡形《あとかた》もなく崩《くず》れ去ったと言います。「もう1人の自分」が危急のときを導いたのです。

なぜそんな行動ができるのか——災害や事故のときに現れる「もう1人の自分」

同じ危急のときでも、「もう1人の自分」がまったく別の形で現れることもあります。たとえば、東日本大震災で大津波が町を襲《おそ》ったとき、自らの命の危機を顧《かえり》みずに、濁《だく》流《りゅう》に呑《の》まれようとしている人たちに手を差し伸《の》べた人たちがいます。陸前高田《りくぜんたかた》の消防署の火《ひ》の見櫓《みやぐら》で最後まで町を見守り、避難《ひなん》アナウンスを繰《く》り返していた署員の人たち。また、様々な事故の場面で、自分の命を危険にさらしてまで、危機に直面する人を助けようとする人たちも同じです。

人はなぜ、そんな行動を取るのでしょうか。

生物に一貫《いっかん》する生命維持《いじ》の原則――「快」を引き寄せ、「苦」を退《しりぞ》ける快感原則からしても、生存本能からしても、そのような行動は説明のつかないものです。

「それが道徳心だ」と思う方もいらっしゃるかもしれません。しかし、緊急《きんきゅう》避難の条《じょう》項《こう》が作動するような条件下で、道徳心が行動を促《うなが》すと考えるのは誤りです。そのような危急のときには、「善行《ぜんこう》が大切」という気持ちだけではどうすることもできないことがほとんどなのです。

実際に手を差し伸べた人たちは、その後、異口同音《いくどうおん》にこう語っています。

「なぜ自分がこういう行動を取ったのかはわからない。しかし、そのときは、思わずそうしてしまった」

そこに現れたのも、その人の中にいた「もう1人の自分」だったとしか言いようがないと思えるのです。

日常の中で現れる「もう1人の自分」

「もう1人の自分」が現れるとき、私たちは、それまでとは隔絶《かくぜつ》した自分を生きています。自分の中にあるとは思えなかった境地や力を発揮《はっき》するのです。

それまで、人間関係は厄介《やっかい》なものでしかなく、周囲のものごとは無機的にそこにあるだけで、ときに自分を脅《おびや》かす敵だったのに、「もう1人の自分」が現れるとき、人ももののごとも、すべてが見えないつながりで結ばれ、共に何かを成し遂《と》げてゆく仲間のように感じられる。

心の重心が定まり、普段《ふだん》の自分にはあるとは思えない力や智慧《ちえ》が引き出され、特別な感覚・感情・思考・意志がはたらき出す。

まるでゾーンに入ったように冴《さ》え渡《わた》り、冷静な判断と迅速機敏《じんそくきびん》な行動をどこまでも繰《く》り出し、疲《つか》れ果てて失われた体力が蘇《よみが》える——。

それは、その人自身も信じられないような特別な現実です。

けれども、**「もう1人の自分」は、こうした特別な状況《じょうきょう》のときだけに現れるものではありません。日常の中でも現れることがあるのです。**

たとえば、どうにもならない問題を抱《かか》えて格闘《かくとう》する中で、それでも、集中力を絶《た》やさず、考え続けていったあるとき、それまで思いもつかなかったアイデアや解決のアプローチが思い浮《う》かぶことがあります。

そのとき、自分が考えたというより、どこかから与《あた》えられ、もたらされたという感覚を覚えることが少なくありません。自分の中に、そうした贈りものをキャッチできる、それまでの自分とは違《ちが》う自分が現れたということです。

また、自分が歩んできた道を振《ふ》り返り、折々《おりおり》の生き方にあった歪《ゆが》みに気づいて愕然《がくぜん》とすることがあります。その気づきが「もう1人の自分」が現れるきっかけになり、生まれ変わったように新たな生き方を始め、別人のようになってゆくことが起こるのです。

あるいは、がんや難病など、重大な病の宣告を受けたとき、自分が生まれ変わるほど、生命に対する感覚が一新《いっしん》することがあります。

周囲が雨で洗われたようにみずみずしく輝《かがや》いている。殻《から》を割って、中から新たな世界が生まれてきたかのように感じる——。それは、私たち自身がまったくの別人になってしまったということなのです。

主体的に「もう1人の自分」を引き出す

皆さんの中には、こんな印象をもつ方がいらっしゃるのではないでしょうか。

「もう1人の自分」は、試練などの周りの状況《じょうきょう》によって、引き出されるように生まれてくる。その瞬間《しゅんかん》を迎《むか》えることができるかどうかは、私自身のあずかり知らぬこと。それは受動的なもの、受け身のもので、自分の意図によって自分から行動を起こす能動的なものではない。

しかし、そんなことは決してありません。

人間と世界の真実を知り、摂理《せつり》にかなった実践《じっせん》を重ねれば、誰《だれ》もが主体的に「もう1人の自分」を引き出すことができるのです。

GLAには、「青年塾」という35歳以下の青年が集う研鑽《けんさん》の場があります。

青年塾の活動は、小学生や中高生のために夏季に開催《かいさい》される「かけ橋セミナー」や青年講演会の企画《きかく》・運営・実施《じっし》をはじめとして、地域のボランティア活動など多岐《たき》に渡りますが、そこでもっとも大切にしていることは、それらの活動を通して、新しい自分を生み出すことです。

そのための鍛錬《たんれん》の1つが、人間（心）と現実世界を理解し、心と現実をつなぐ実践です。

人間と世界を理解するには、様々な方法があります。体験を通して直接理解する方法、科学に基づく方法、個人的な洞察《どうさつ》、神秘的《しんぴてき》な直観……等々。その中で、多くの人々にもっとも信頼《しんらい》されてきたのが科学に基づく方法です。

しかし、その科学が提供してきたものは、つい近年まで、人間と世界を断片的《だんぺんてき》に捉《とら》えるに過ぎない方法でした。物質的な次元のみを扱《あつか》う唯物的《ゆいぶつてき》な人間観・世界観はその象徴《しょうちょう》です。だからこそ、私たちは、物質を超《こ》える心と魂の次元も含《ふく》めた、本当の意味で全体的な「魂の学」の方法を示し、それを実践することを大切にしているのです。

そのような「魂の学」に基づいて、青年塾では、ある一定の期間（たとえば数カ月）を決めて集中的に、それぞれの職場、学校、家庭で、新しい自分を生み出すための挑戦《ちょうせん》に取り組んでいます。

青年塾生として学ぶ益崎庸介《ますざきようすけ》さんも、自らの中から「もう1人の自分」が現れてくる体験をした1人です。

会社のことはどうでもいい

益崎《ますざき》さんは鹿児島の出身で、家族は学習塾を経営。とりわけ父親は、教育に関わる仕事に従事していたこともあって、「良い学校に行って、良い職業に就《つ》くことが大切」という価値観をもっていました。益崎さんの2人の姉に対しても、「女は弁護士か、医者でないと認められない」。常々そう語っていました。

益崎さんは、大学を卒業する頃《ころ》、「研究職に就きたい」という気持ちを抱《いだ》くようになります。しかし、その願いは叶《かな》えられず、断念。不本意ながら就職した先も、第1希望の企業ではなかったのです。

父親の薫陶《くんとう》を受けて育った益崎さんにとって、大企業で働くことが○（マル）、それ以外は×（バツ）。だから、「自分の今の仕事はダメ」。そうとしか捉《とら》えることができませんでした。

東京の本社に転勤してからの約5年間、様々な現実に触《ふ》れる中で、益崎さんは、会社の体制や同僚《どうりょう》に強い不満を抱くようになっていきました。

たとえ自分の勝手な思い込《こ》みであったとしても、激烈《げきれつ》な気持ちが生まれていたのです。

「この会社は、親会社からの天下《あまくだ》り先だ」「役職の人たちは、高い給料をもらっているだけ」という想いさえありました。

「会社のことはどうでもいい」。益崎さんは、仕事に対してすっかり投げやりになっていたのです。

しぶしぶの挑戦《ちょうせん》

そんな気持ちを抱《かか》える中で、青年塾の実践研鑽《じっせんけんさん》の期間が始まります。テーマを設定するときも、益崎《ますざき》さんは、「会社には特にテーマがない。どうでもいいことはテーマにならないから」。本気でそう思い、かつそれを周りの仲間たちにも公言していました。

そんなとき、その投げやりな雰囲気《ふんいき》を察した友人の1人が、益崎さんに「どうでもいいってどういうこと!?」と、強烈《きょうれつ》なツッコミを入れたのです。

益崎さんは、「君に言われる筋合《すじあ》いはない。余計なお世話だ」。イラッとした態度で、友人の言葉を拒否《きょひ》します。しかし、その友人はひるむことなく、さらにグイグイと責め立ててくる――。

さすがの益崎さんも、正論で進言してくる仲間に押《お》し切られて、しぶしぶ会社での実践をテーマに取り上げることにしました。益崎さんが掲《かか》げたのは、「自分からはたらきかけて、人間関係を新たにする挑戦」でした。

しかし、テーマを定めた以上、次の会合では、その友人をはじめ、青年塾の仲間たちに実践の結果を報告しなければなりません。

「まあ、とにかく形だけでも1日やってみるか」。こうして、益崎さんのしぶしぶの挑戦が始まりました。

「まあ、こんなものかな」

当時、益崎《ますざき》さんと会社の人たちとの絆《きずな》は、完全に切れていました。会社では、必要以上のことは話さない。話しかけてほしくもない。そういう意味では、益崎さんの生き方は一貫《いっかん》していました。

「やってみると言ったものの、大変なことになってしまった」というのが益崎さんの率直な気持ちでした。

まず、管理部門の人たちとの関わり。「この人たちは、皆、自分とは別の世界にいる。だから、絶対に心は開かない」。それが、益崎さんのポリシーでした。

しかし、朝、出社したとき、管理部門の総務の女性に、「ありがとうございます」と、普段《ふだん》、言わない感じで言ってみたのです。その女性は、突然《とつぜん》のことに目をパチクリさせていたそうです。

日頃《ひごろ》は、トイレで誰《だれ》かとすれ違《ちが》っても決して目を合わせない。エレベータの中でも、「話しかけないでねオーラ」を出し続けるのが、益崎さんでした。

しかし、トイレですれ違った人に、自分から「あ、どうもお疲《つか》れさまです」と話しかけてみる。帰りのエレベータでも、一緒《いっしょ》になった人に「最近、どうですか」と声をかけてみたのです。

言われた相手も、びっくりしたことでしょう。「あいつ、どうなっちゃったの」。当然のことながら、会話は続きません。

しかし、それでも益崎さんはやり続けました。

それまで、お昼はいつもコンビニ弁当を買って1人で食べていた益崎さんでした。しかし、「同席してもいいですか」と、会社の人たちの横に座《すわ》らせてもらって、話をしながら食べてみたのです。すぐ横には、益崎さんが「天下り《あまくだ》」と決めつけ、苦手な気持ちを抱《いだ》いた年上の先輩《せんぱい》たちがいます。この人たちとも話題をつくり、話をしなければなりません。東京に来てからすでに5年ほどが経過していましたが、そのとき初めて話をする人すらいたのです。

そんな1日が終わりました。益崎さんの中で特別な体験があったわけではなく、「まあ、こんなものかな」。とりあえず、「こういう実践をしました」という報告は仲間にできるので、「まあ、及第点《きゅうだいてん》かな」と思っていたのです。

電車の中で経験した不思議《ふしぎ》な感覚

その日の会社からの帰り道のことです。

夕方の電車の中で、目の前には、帰途《きと》につくサラリーマンの人たち。その姿をぼんやり眺《なが》めていた益﨑《ますざき》さんは、「この人たちにも、1人ひとり家族がいる。生活があるんだよな……」。ふと、そんな気持ちになったのです。

とりとめのない気持ちが、湧《わ》いては消え、消えては湧いてきます。

「誰《だれ》もが、日常の中で葛藤《かっとう》し、苦しみ、それでもこうやって毎日を生きている」

「中には、ただ生きることで精いっぱいの人だっているだろう。俺《おれ》だってそうだよなあ……」

すると突然《とつぜん》、益﨑さんの心に電流が走りました。心の奥に渦巻《うずま》いていた気持ちがあふれ出したのです。

「皆が、悔《く》いなく生きたい、世の中の役にも立ちたいと思っている。本当は、人生をよく生きることをめざしてこの世界に生まれてきたはずだったのに、何でこんなことになってしまったのだろう――」

それまでの人生で経験したことがない、不思議な感覚でした。

頭に浮《う》かんだ考え自体は、人間の弱さ、未熟さ、不甲斐《ふがい》なさでした。

しかし、そこに生まれた気持ちは、そんな人間に対する限りない敬意であり、郷愁《きょうしゅう》だったのです。何の関わりもない人たちがこれほど身近に感じられることは、かつてありませんでした。

電車の中であったにもかかわらず、涙《なみだ》がどんどんあふれてきます。

「何で自分は泣いているんだろう？」

気づいたときには、「こりゃまずい」と必死で涙を隠《かく》す益崎さんがいたのです。

その体験は、益崎さんに確実に変化をもたらしました。

以前とは見違《みちが》えるように明るく元気になったその様子に、お母様と2人のお姉さんの間には、「庸介《ようすけ》、最近、どうしちゃったの？」「何かあったのかしら？　絶対変よ」とLINE《ライン》が行き交《か》い、話題になっていたのです。

一緒《いっしょ》に生活している家族から見ても、益崎さんに不連続な変化が起きたことは明らかだったということです。

それは、単に益﨑さんが明るくなった、元気になったということではないのです。それまでの益﨑さんは、ニヒリズムを抱《かか》え、人との関わりを遮断《しゃだん》し、現実世界に背を向けていました。益﨑さんに起こった不連続な変化とは、人生と世界の捉《とら》え方の変化であり、現実の生み出し方の刷新《さっしん》です。

それは、間違《まちが》いなく「もう1人の自分」に触《ふ》れる経験だったのです。

もちろん、まだ、何かがあればすぐに吹《ふ》き飛んでしまうかもしれない、弱々しい始まりかもしれません。

しかし、自分の中には、自分が知らない「もう1人の自分」がいる。その確信をつかんだことは、益﨑さんのこれからの人生に、どれほど大きな影響《えいきょう》を与えてゆくでしょうか。

「もう1人の自分」がもたらすもの——共鳴力《きょうめいりょく》

先に触《ふ》れたように、**「もう1人の自分」は、隠《かく》れた人間の力の象徴《しょうちょう》です。**

「もう1人の自分」を発見し、それを引き出すことができたとき、私たちは、新しい感覚・感情・思考・意志をはたらかせ、それまで生み出せなかった現実を生み出すこと

ができるようになります。まったく異なる形で人と関わることができるようになり、事態に対してそれまでとは違《ちが》う接し方ができるようになるのです。

それは、言葉で表現しきれないほどの不連続な変化です。

宇宙飛行士たちは、個人であることを飛び越えて、人類の一員、地球生命体の一因子《いちいんし》としての意識を抱《いだ》くことになりました。冒険家や探検家は、絶望的な状況《じょうきょう》の中で、生きることへの不屈《ふくつ》の意志を取り出し、ごくわずかな生きる道を探し出す集中力を引き出すことができました。

東日本大震災で、自らも被災《ひさい》しながら、濁流《だくりゅう》に呑《の》み込《こ》まれてゆく人に手を差し伸《の》べた方々は、自分の命を脇《わき》に置いて目の前の人を助けようとしました。

彼らは、抜《ぬ》き差しならない現実に直面した瞬間《しゅんかん》、その時と場に必要な力を現すことができました。考えて判断するという以上に、事態そのものに感応《かんのう》したのです。それは、事態と響き合う、いわば共鳴現象と言うべき現実です。

新たな挑戦《ちょうせん》でも、試練や危機でも、それぞれの目の前に現れた現実は、鍵穴《かぎあな》のある扉《とびら》です。彼らはその現実と共鳴し、自らがその鍵になって、扉を開けることができたのです。

あらゆる現実や状況は、本来そうなるべき姿＝青写真を抱いています。「もう1人の自分」は、その共鳴する力によって、青写真の実現を導きます。そのような世界との共鳴を、「魂の学」では「宇宙との響働《きょうどう》」と呼んでいます。「もう1人の自分」には、宇宙と響働する力が備わっているのです。

変貌《へんぼう》の王――2度目の誕生

すべての人にとって、「もう1人の自分」を発見し、引き出すことは、決定的な意味をもつ――。本章の最後に、そのことを考えてみましょう。

私たちは、何もできない赤児《あかご》として、この世界に生まれてきます。立つことも歩くこともできず、話すことも、周囲を確かに見ることさえままならない無力な存在です。

唯一《ゆいいつ》できることと言えば、過ごしやすい環境では微笑《ほほえ》み、心地よくない状態になれば泣くことです。両親や自分を守ってくれる保護者なしには、わずかな時を生きながらえることさえできなかったのです。

そんな未熟で弱々しい出発のときと比べれば、20年後の私たちは、驚《おどろ》くべき変貌を遂《と》げています。

家族の中で基本的な生き方を学び、地域や業界の中で世間の慣習や前提を教えられ、時代・社会の中で多くの知識や常識を吸収する。家族や地域、時代と交流することによって、ある価値観と生き方を抱《いだ》いた大人になってゆくのです。

どんな人も、自分という個性をつくりあげ、生業《なりわい》を得て、生活の術《すべ》を身につけていきます。たとえ間違《まちが》いや失敗をしても、1つ1つの状況《じょうきょう》に対して自分なりに判断し、対応することができます。当たり前のように思われるかもしれませんが、それがいったいどれほどすごいことなのか――。

かつては何もできず、誰《だれ》かに頼《たよ》るだけだった赤児から見れば、何十倍、何百倍の成長と進化を遂げていると言えるでしょう。

私たちは、それだけで「変貌の王」と呼ぶにふさわしい存在ではないでしょうか。それは、いわば2度目の誕生を果たした姿です。

両刃《もろは》の剣《つるぎ》――「可能性」であると同時に「限界」

しかし、**こうして私たちが身につけてきた生き方は、可能性と同時に大きな限界をも**

つくり出すのです。ものごとの感じ方、受けとめ方、考え方、そして行動の仕方《しかた》の1つ1つが、固定化してしまうからです。それらは心に張《は》りつき、見えない殻《から》をつくります。

その感じ方、受けとめ方、考え方、行動の仕方はいつしか、私たちにとって当然のものとなり、それ以外には考えられなくなります。つまり、それ以外の選択肢《せんたくし》はなく、それ以外の生き方は選べなくなる——。

両親から「人は結局、力と金で動く」と言われ続けた人は、よほどのことがない限り、その見方で人に接し、世の中を見てゆくことになります。

地域の中で「足並みを揃《そろ》えることが大事。出る杭《くい》は打たれる」と知れば、周囲に同調する傾向《けいこう》を身につけるとともに、生涯《しょうがい》、その生き方に束縛《そくばく》されかねません。

私たちは、できることを増やした一方で、それゆえにできないこともつくってしまうのです。

「もう1人の自分」を引き出す——3度目の誕生がすべてを開く

人間関係における行き詰《づ》まり。挑戦《ちょうせん》すらしてこなかった壁《かべ》。同じやり方を繰《く》り返すことによるジリ貧《ひん》。思い描《えが》くこともできない解決の道……。可能性であるはずの生き方が、人生の限界にもなってしまう。

では、どうすれば、その限界を突破《とっぱ》することができるのでしょうか。

その方法こそが、「もう1人の自分」を自分の中から引き出すことなのです。

いわば、**人生における3度目の誕生——。その3度目の誕生を果たすことによって、私たちは、これまでの生き方を超《こ》えることができるのです。**

なぜなら、「もう1人の自分」は、人生という条件を超越《ちょうえつ》する魂の存在だからです。

魂とは、幾度《いくど》もの人生を経験し、その経験を智慧《ちえ》として蓄積《ちくせき》してきた存在。あらゆる人生の条件を生かしながら、その束縛《そくばく》を超える力を抱《いだ》いています。

「もう1人の自分」を引き出し、魂の智慧と力を現すことができるなら、私たちは、自分が抱《かか》える限界の大半を乗り越えることができるのです。

それだけではありません。魂は、自分の殻《から》をはみ出し、周囲の人々と協力して、世界を支え、時代と響《ひび》き合おうとする性質をもっています。その力を解放するなら、私たちの可能性は想像を絶するものになるのです。

第2章　魂としての自分

「いつもの自分」で過ごす日常の中に
ときに姿を現す「もう1人の自分」――。
それまで現れたことのない智慧《ちえ》と力を備え
新たな感覚・感情・思考・意志をはたらかせる。
「もう1人の自分」とは
心の深奥《しんおう》に隠《かく》れている
「魂」の存在である。

「いつもの自分」と「もう1人の自分」

私たちが「自分」だと思っている存在——。

それは、「いつもの自分」と呼ぶことができます。

なぜかと言えば、「いつもの自分」は、いつも変わることなく、日々、同じように感じ、考え、判断し、行動するからです。

その「いつもの自分」に対して、「もう1人の自分」は、「いつもとは違《ちが》う自分」です。

「いつもの自分」と「もう1人の自分」という2人の関係は、図1のように考えることができます。

図1の全体は、私たち自身を表しています。

「いつもの自分」を司《つかさど》っているのは、私たちの「心」です。

「心」には、生まれ育ちの中で、両親や地域、時代から多くのものが流れ込《こ》んでいます。

それは、第1章の冒頭《ぼうとう》で触《ふ》れたように、「自分に対する常識」をつくりあげ、様々な出来事に対するいつもの感じ方、受けとめ方、考え方、行動の仕方《しかた》を決めているのです。

「いつもの自分」「もう1人の自分」

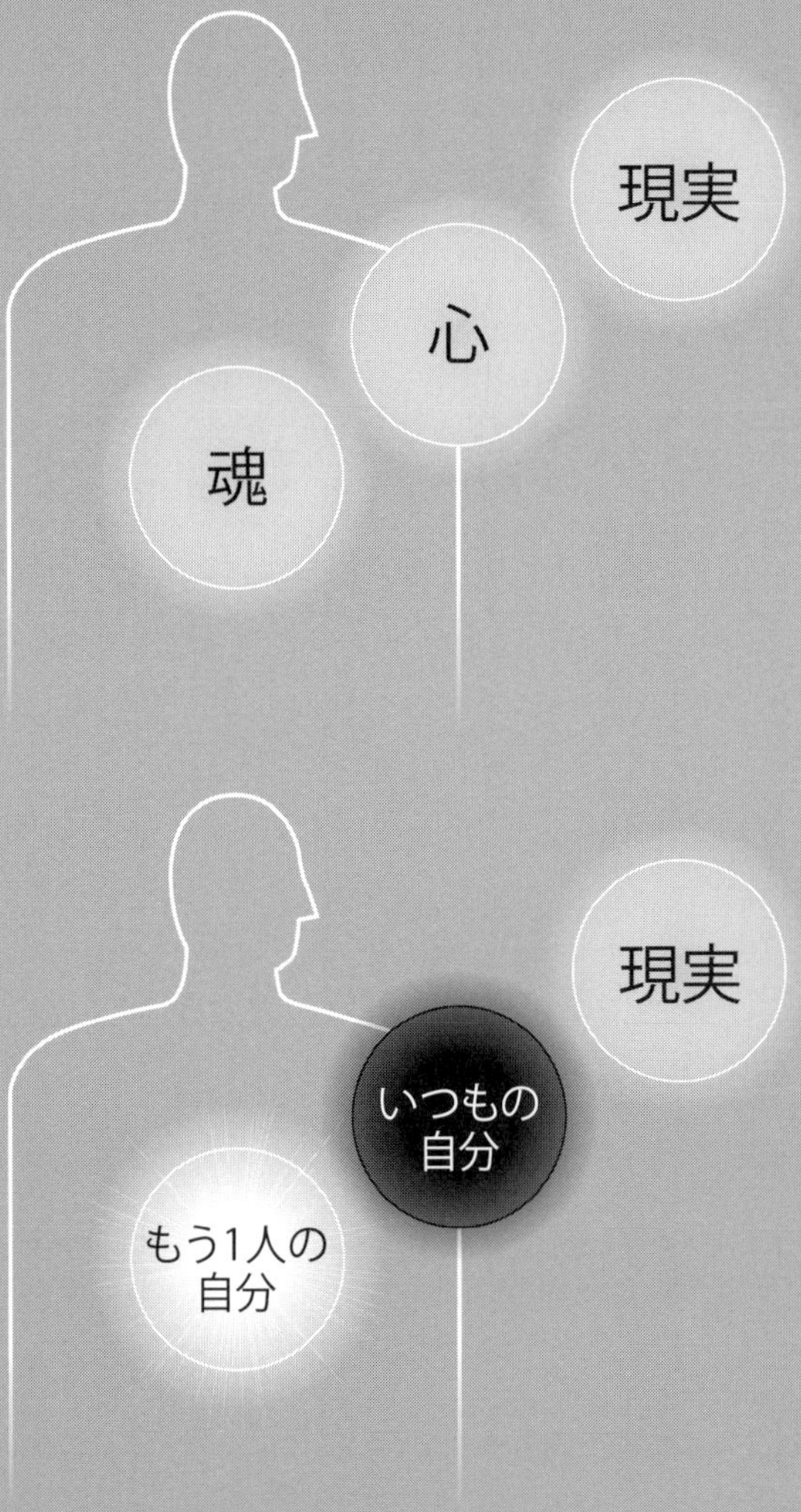

図1

「もう1人の自分」とは「魂としての自分」

一方、「もう1人の自分」を司《つかさど》っているのは、「心」の奥にあって普段《ふだん》は現れていない「魂」です。

通常、「心」の側から見て、「魂」は、堅牢《けんろう》な扉《とびら》によって閉じられています。

私たちは、そのような魂が自分の中にあることを知りません。

しかし、普段は表に出てこないからと言って、ないわけではないのです。

「もう1人の自分」＝魂は、私たちの内界深くに隠《かく》れています。しかし、何かをきっかけに、表に現れてくることがあります。人との出会いや出来事を通じて、また、心を育んだり、鍛錬《たんれん》したりすることを通じて、その力が引き出されることがあるのです。

魂は、永遠の生命を生きる**「智慧《ちえ》もつ意志のエネルギー」**と呼ぶべきものです。幾度《いくど》もの人生の経験を通じて、智慧と境地をその内に蓄《たくわ》えているからです。どの魂の中にも、切なる後悔《こうかい》と願いが息づいていて、人生をかけてその願いを果たそうとしているのです。

自分自身を魂の存在として受けとめるということは、たとえ思い出せなくても、自らの深奥《しんおう》に切なる後悔と願いを抱《いだ》いていることを信じることです。

「魂の学」では、人間の内界は、普段ものを考えたり、話したりしている表面意識と、その奥にある潜在《せんざい》意識から成り立っていると考えます。

潜在意識には、忘れ去られた経験の記憶《きおく》や押《お》し込《こ》められた感情などの部分と、さらにその奥に刻まれた過去世《かこぜ》の記憶などの部分があります。

そして、この潜在意識に同通するのが魂なのです。

魂の賢者《けんじゃ》──智慧《ちえ》をもたらし、新たな未来を引き寄せる

魂には、魂が魂である所以《ゆえん》、特別な性質があります。

物質の世界は、一瞬《いっしゅん》もとどまることなく変化を続けています。諸行無常《しょぎょうむじょう》の現実です。

私たちの肉体もその法則に従っています。

それに対し、魂は、その変化の中にあって、変わらぬもの、持続するものを現そうとします。この世界にあって、一瞬の刹那《せつな》に対する永遠、不滅《ふめつ》の次元を体現するのが魂なのです。

また、物質的世界観では、ものごとに特別なつながりなどなく、すべては偶然《ぐうぜん》に起こります。当然、出会いや出来事も、偶然にやってきたと受けとめる。

しかし、それを偶然ではなく必然と受けとめるのが、魂を基とした世界観です。人生は必然であり、そこには目的があり、果たさなければならないことがあることを教えるのです。

なぜ必然なのかと言えば、世界には見えないつながりが張り巡《めぐ》らされているからです。目の前で起こっていることは、私たちと見えないつながりで結びついている。

そして、その見えないつながりの総体かつ根源《こんげん》こそ、これまで神、仏、天と呼ばれてきた大いなる存在、サムシング・グレートです。魂は、大いなる存在と分かちがたくつながっているのです。

つまり、**魂という存在は、物質の世界のあり方とはことごとく異なる精神の次元と不滅の次元を開き、人生の目的を与《あた》え、大いなる存在との分かちがたい絆《きずな》をもたらすもの――。だからこそ、境地と智慧の源泉《げんせん》となるのです。**

「もう1人の自分」は、いわば「魂の賢者」です。智慧深く、全体を見渡す視野をもち、冷静で的確な判断をもたらします。

それは、私たちをいつもの生き方とは異なる感じ方、考え方、行動に導いてくれるものであり、迷いから救い出し、恐《おそ》れを乗り越えさせ、智慧をもたらし、新たな未来を引き寄せてくれるものです。

肉体由来《ゆらい》の心と魂由来の心

しかし、こうした魂の特質は、人生の最初から現れるわけではありません。人生が始まる段階では、魂は肉体に埋没《まいぼつ》しています。それゆえ、その性質を引き出すステップが必要なのです。

人生を生み出す中心が、私たちの心であることはすでに述べました。

「魂の学」では、図2のように、心は肉体と魂が1つになることから生まれてくると考えます。

つまり、心には、肉体から流れ込《こ》んでくるものと、魂から流れ込んでくるものが混在しているのです。心のはたらきも、肉体に由来するものと魂に由来するものがあるということです。

肉体由来の心のはたらきの代表は、快苦の感覚、マルかバツかの感覚です。

自分の許《もと》にやってくるあらゆる刺激《しげき》（言葉、行動、事態、出会い、出来事）を瞬時《しゅんじ》に快＝マル、苦＝バツのいずれかに振《ふ》り分け、快なら自分に引き寄せ、苦なら遠ざけよう

心は魂と肉体から生まれる

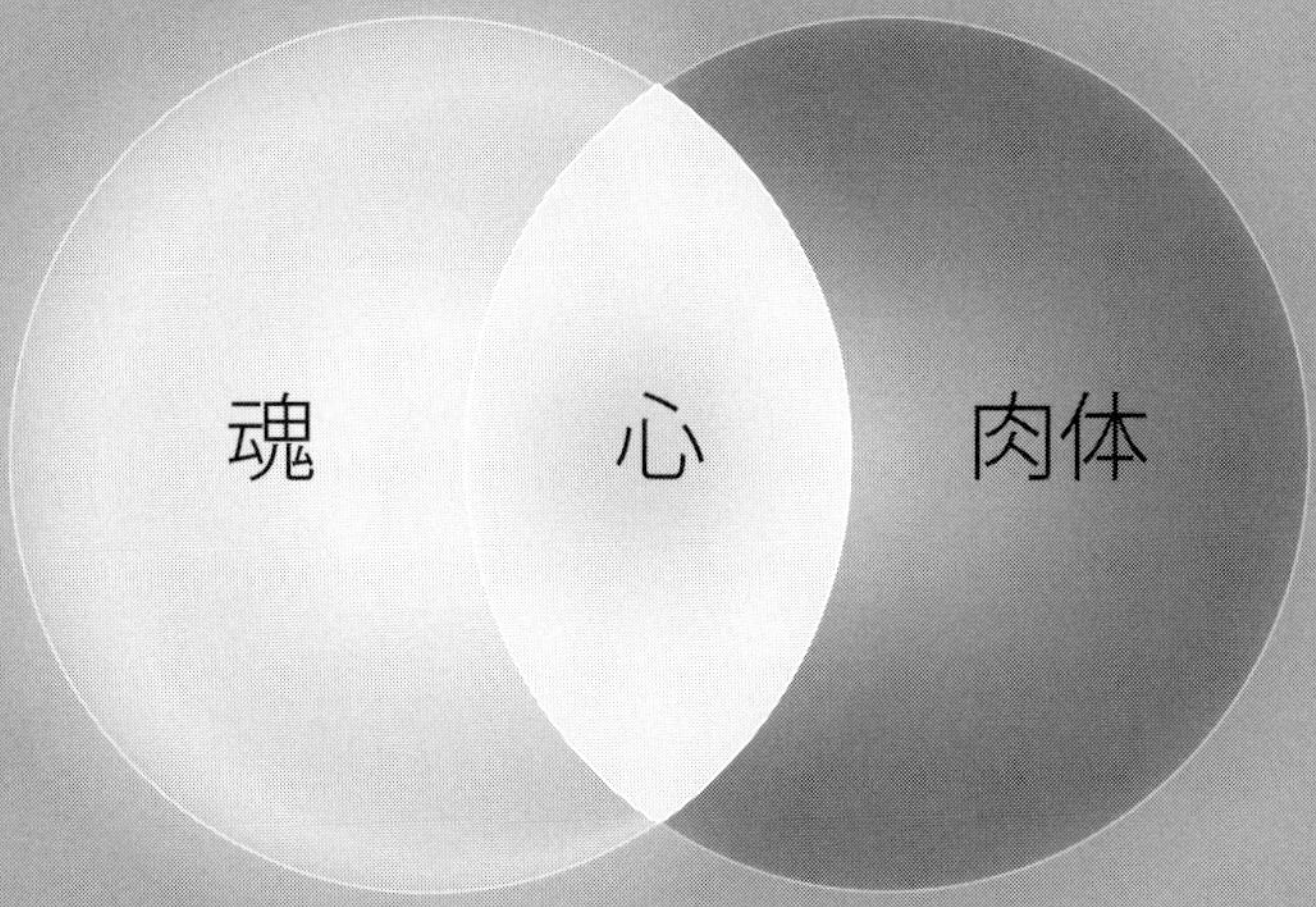

図 2

マルかバツか

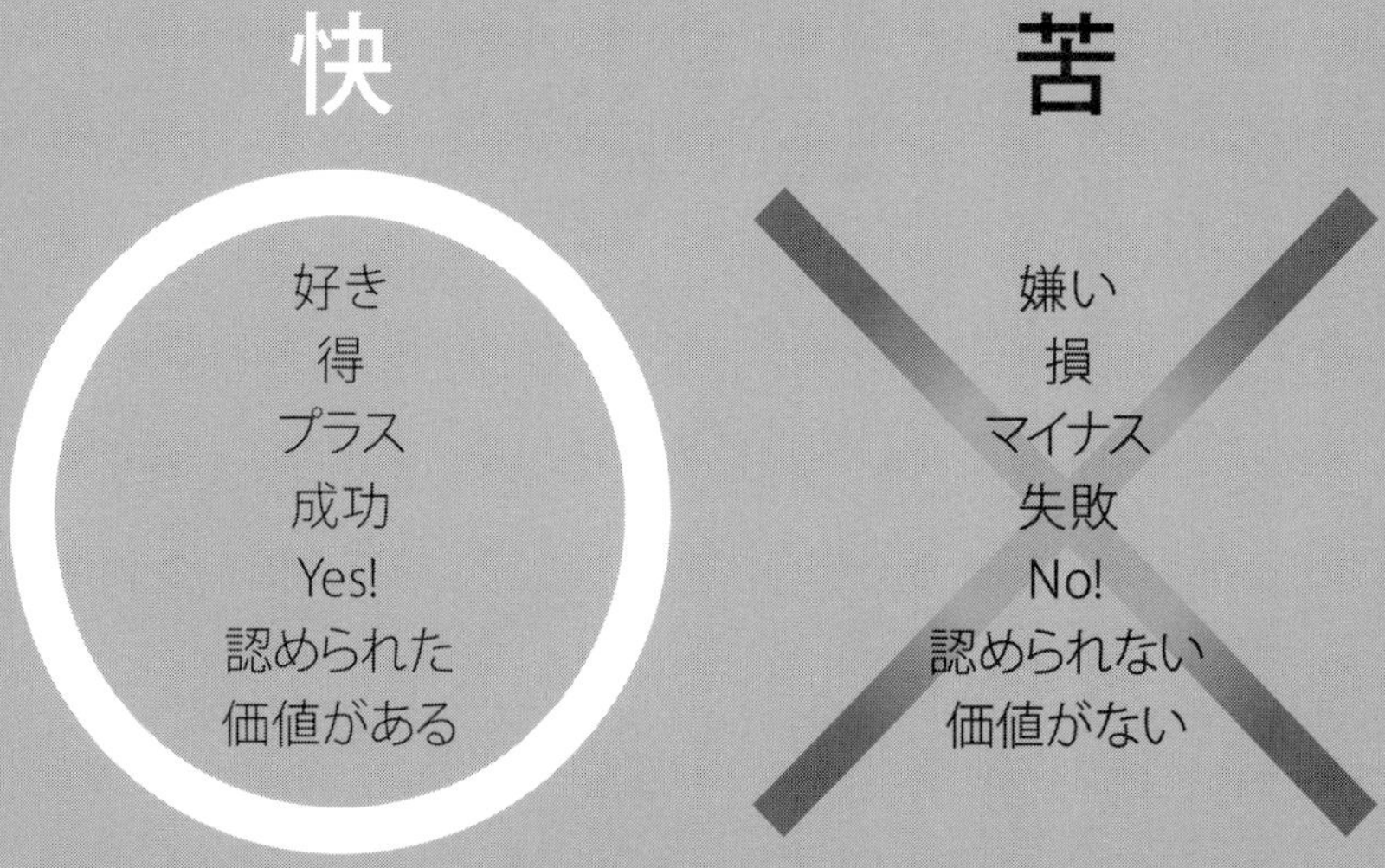

図 3

とします（図3）。それは、生物としての人間にとって、何にも増して重要なはたらきです。生物の本能的なはたらきと言えるものです。

しかし、人はそれだけの存在ではありません。

苦であっても、あえてそれを受け入れて生きることがあります。

たとえば、人生に大きな試練が降りかかったとき、逃《に》げ出すことなく、その苦しみを引き受けながら、新たな道を切り開いてゆく。また、困苦を抱《かか》えた人を見たとき、自らの苦労は承知で、その人に手を差し伸《の》べようとする。

そのような行動を促《うなが》すものこそ、魂であり、魂由来の心なのです。

宗教的な修行の多くが、何らかの苦行をその要件としていることは偶然《ぐうぜん》ではありません。求道者《ぐどうしゃ》は、その厳しさに耐《た》え、乗り越えてゆくことで、新たな境地を獲得《かくとく》してゆくのです。

また、次のような人生に対する助言も同様です。

「もし、目の前で道が2つに分かれていたら、自分にとってより厳しいと感じる道を選びなさい」

この言葉はまさに、魂の叡智《えいち》と力を引き出そうとするものです。

先に述べたように、**魂由来の心も、魂の力も、最初から現れているものはほとんどありません。それを人生の中でいかに引き出すことができるかということに、私たちは取り組んでゆくことになるのです。**

HOW《ハウ》の生き方とWHAT《ホワット》・WHY《ホワイ》の生き方

肉体由来《ゆらい》の快苦の感覚に頼《たよ》る生き方は、苦の現実を遠ざけ、快の現実を引き寄せようとします。それが当然の前提となれば、あとは「どうしたらよいのか」だけです。

それがHOWの生き方です。

少しでも楽になるには「どうしたらよいのか」

多くの利益を得るには「どうしたらよいのか」

より多くの価値を手にするには「どうしたらよいのか」

もちろん、この世界に生きるためには、HOWの生き方は大切です。それがなければ、現実的な成果を得ることができないからです。

しかし、HOWだけでは決して到達《とうたつ》できない場所があるのです。

それが、魂由来の心の生き方が必要な理由です。

HOW と WHAT・WHY

HOW	どうしたらよいのか
WHAT WHY	これは何か 何のためにあるのか なぜそうするのか

「どうしたらよいのか」とHOWを繰《く》り返しているとき、ふと立ち止まり、WHAT・WHYを問う。それが、魂由来の心の生き方です。

「これはいったいどういう事態なのだろうか」

「なぜ私は、この出来事と向かい合っているのだろうか」

「今、何が呼びかけられているのか」

「ここで私が果たさなければならないことは何なのか」

WHAT・WHYを問うとは、思い込《こ》みをリセットして、その事態を再定義し、私たちと人生をつなぐ「必然」「理由」「意味」を明らかにすることです。それは、世界との新たな関わり方を生み出し、生き方の次元を深めるものです。

私は、何のために生まれ、なぜここにいるのか――。

その解答を自ら自身の変貌《へんぼう》という形でもたらすのが、魂の次元です。

知識とは次元を異《こと》にする智慧《ちえ》

そもそも、智慧とはどのようなものでしょうか。

その理解を深めることが次のステージです。

体験知や暗黙知《あんもくち》と言われるように、人間には、言葉にはできなくても知っていることがあります。

たとえば、優《すぐ》れた職人は、それを言葉で説明できなくても、見事な金物や建物、料理などをつくりあげます。優れた経営者は、たとえ評論家のように理論を語ることはできなくても、卓越《たくえつ》した経営手腕《しゅわん》を発揮《はっき》します。

直感（直観）やひらめきのようにはたらく智慧も、言葉にはしがたいものです。

知識は言葉で表すことができても、智慧は言葉を超《こ》えるもの。

魂の智慧とは、多くの経験を、言葉を超える次元に昇華《しょうか》したものなのです。

本書では、「魂の智慧とは共鳴《きょうめい》の力である」という新たな定義を加えます。

私たちが向き合うものごとはすべて、鍵穴《かぎあな》のある扉《とびら》であり、そこに適合する鍵を差し込《こ》まない限り、扉は開かず、次のステージに向かうことはできません。

事態と共鳴し（宇宙と響働《きょうどう》し）、自分自身が変わることで、その鍵となり、扉を開く——。その力こそが、魂の叡智《えいち》の本質です。

もし、私たちがHOW《ハウ》だけで生きるなら、多くの知識や情報をもっていることは決定的なことかもしれません。

今日《こんにち》、ＡＩ《エーアイ》（人工知能）は、すでに人間の能力を凌駕《りょうが》するレベルに到達《とうたつ》していると言われています。人間が一生かかっても吸収できない膨大《ぼうだい》な知識や情報を瞬時《しゅんじ》に処理し、ものごとの最適解《さいてきかい》をはじき出す段階に来ていると言うのです。

少し前まで２０４０年代半《なか》ばに到来すると言われていたシンギュラリティ（ＡＩの知能があらゆる意味で人間の知能を超える特異点《とくいてん》）が、２０２５年にも起こるという識者もいるほどです。

しかし――。「知識の量や情報量」がイコール「智慧深さ」ではありません。扱《あつか》う情報量が無限になっても、それが智慧を示すとは限らないからです。

ＡＩの知識や情報は、すべてがＨＯＷに応《こた》えるものにすぎません。

実際、自然な文章で対話ができると評判のＡＩ・ChatGPT《チャットジーピーティー》に、「あなたは、『なぜ』その仕事をしているのか」と尋《たず》ねると、「私はプログラムとして設計されたＡＩモデルなので、『仕事をする』という感情や動機はありません」と答えます。

ＨＯＷに応える知識や情報をどれだけ集め、積み上げても、そこからＷＨＡＴ《ホワット》やＷＨＹ《ホワイ》に関わる智慧が湧出《ゆうしゅつ》することは決してないのです。

魂が賢者《けんじゃ》である証《あかし》は、ＷＨＡＴ・ＷＨＹの智慧を抱《いだ》いていることにあります。

私たちが向き合う現実（世界）が何であるのかを問い直し、そこにある必然を読み取り、自分自身を変えて、現実を切り開く鍵になる──。

本当の智慧は、知識とはまったく別次元のものなのです。

魂の願いがあるからこそ

魂がそのような智慧《ちえ》を抱《いだ》くことができるのは、もちろん、幾度《いくど》も人生の経験を重ね、そこから学んだ智慧を蓄《たくわ》えているからです。

そして、魂の次元に張り巡《めぐ》らされた絆《きずな》が、私たちにものごとの「必然」「理由」「意味」をもたらし、新たな世界との関係を生み出してくれるからです。

でも、それだけではありません。

この世界は、私たちの思い通りにはならないものです。予期せぬ障害や試練が降りかかるのは当たり前。失敗や計画の頓挫《とんざ》など、暗転の現実を避《さ》けることはできません。どれほど知識があっても、現実が突《つ》きつけるすべてのN O《ノー》をクリアすることは不可能です。

そのとき、魂とつながった本心、魂に刻まれた願いを抱いていることが決定的になるのです。

なぜなら、魂の願いは、人生そのものを生み出している動力源だからです。

その大半は、1度の人生では到底《とうてい》果たしきれるものではありません。それゆえ、人生を終えたとき、多くの魂が強い後悔《こうかい》を抱くことになるのです。

そして、その後悔を再び願いに昇華《しょうか》することによって、私たちは、新たな人生を生きる力を得て、今の人生を生きているということです。

忘れることのできない願いは、場当たり的、無軌道《むきどう》になりがちな私たちの人生に一貫《いっかん》して進むべき方向を与えてくれます。

あきらめることのできない願いを抱いているから、何が起こっても動転することなく、受けとめることができます。あわてることなく、冷静に判断し、行動する時間をつくり出すことができます。そして、その事態に対する最善の道を探すことができるのです。

魂の人間観を確かにする3つの感覚

いかがでしょうか。

このような魂の感覚を深める中で、私たちはさらに大きな体験へと導かれてゆきます。

「魂としての自分」の実感が強まり、魂の重心が確かになってゆくと、出来事の見え

方がまったく変わるのです。

それは、先にも述べたように、魂の次元が「必然」「理由」「意味」の源《みなもと》であり、魂は「私はどこから来て、どこへ行くのか」「私はなぜここにいるのか」という2つの問いに応《こた》えることができるからです。

あらゆる出来事は、魂が人生の目的と使命を果たすために目の前に現れている。その感覚が強くなってゆきます。人生には、青写真（設計図）があることに気づいてゆくのです。

そのとき、私たちの中に、魂を前提とした**人生に対する3つの感覚**が育ってゆきます。

第1は、人生の途上《とじょう》で**「必要な出来事を必ず経験する」**という感覚です。

「心」だけで生きているとき、人は、日々の出会いや出来事を、偶然《ぐうぜん》・たまたま生じたこととしか受けとめることができません。

しかし、「魂」につながる生き方を始め、人生に青写真があると受けとめるとき、出会いや出来事は、偶然・たまたまではなく、「必然」「理由」「意味」があって自分のところにやってきたと受けとめるようになるのです。

人との出会いも同じです。人生に散りばめられている無数の人との出会いは、偶然・

たまたまに見えて、実はそうではありません。それもまた、「必然」「理由」「意味」があって生まれた出会いなのです。

そこで確かになるのが、**「必要な人とは必ず出会う」**という第2の感覚です。

これら2つの感覚を土台として、さらに、人生の始まりにおいて**「必要な条件を引き受ける」**という感覚をもつようになります。

どんな両親・家族の下《もと》に生まれたのか。

どのような地域、どのような時代に生まれたのか。

それらの条件は、ときに力を与《あた》え、ときに多くの困難をもたらします。

しかし、それは偶然ではなく必然。「自らの魂の歩みに必要な条件として引き受けたのだ」という感覚が芽生《めば》えてくるということです。

「必要な出来事を必ず経験する」
「必要な人とは必ず出会う」
「必要な条件を引き受ける」

これらは、魂としての人生観を表す3つの感覚です。

この感覚が育ってゆくとき、私たちは、自《おの》ずから魂を基《もとい》にした人生を生きるようになるのです。

北海道別海町《べつかいちょう》の酪農家《らくのうか》

北海道野付郡《のつけぐん》別海町で酪農を営まれている宇居弘明《ういひろあき》さんも、魂としての自分に出会い、その内なる力によって人生の難所を乗り越えてきた方です。

別海町は、北海道の中でも有数の酪農の町として知られています。1つの町で10万頭以上の牛が飼《か》われているのは全国でも別海町だけで、宇居さんも、東京ドーム10個分の土地をもつ酪農家です。

宇居さんは、今、心からの歓びをもって酪農に取り組んでいます。

「自分は、本当に素晴らしいところに住んでいる。緑の輝《かがや》き、牛が草を食《は》む姿、大自然の美しさ。いつも感動する。酪農は自分の天職——」

そういう想いで酪農に向き合っているのです。

しかし、かつての宇居さんはまったく違《ちが》っていました。

少年時代の宇居さんの心にあった想い——それは「酪農なんて大嫌《きら》いだ」。

今とまったく違うどころか、酪農の家に生まれてきたことを呪《のろ》うほどだったのです。

「このまま家にいたら、家を継《つ》がなければならなくなる」

酪農をやりたくない宇居さんは、何度も家出を繰《く》り返していました。

父親のような人生は送りたくない――人生の束縛《そくばく》1

日本の酪農《らくのう》は、事業規模が小さいこともあり、経営上の問題を抱《かか》えることが少なくありません。生業《なりわい》を維持《いじ》することもむずかしく、廃業《はいぎょう》に追い込《こ》まれる人々が跡《あと》を絶たない状況《じょうきょう》です。

宇居《うい》さんの父親も、経営の困難を抱えながら酪農を営《いとな》んでいました。頼《たよ》りは無報酬《むほうしゅう》で働き手となってくれる家族です。

貧しい生活の中で、宇居さんたち子どもは、幼い頃《ころ》から酪農の手伝いに駆《か》り出され、苦労を共にしてきたのです。

宇居さんの父親は、もともと北海道で農家を生業としていました。しかし、大変な苦労の末、生活が成り立たなくなって廃業。

すでに結婚していた父親は、子どもたちを育てるために、チェーンソーを手に、木こりのような生活をして一家の生計を支えました。

その働きぶりがあまりに熱心だったため、農協に認められ、そのバックアップを得て、今の土地で酪農を始めることになったのです。

しかし、十分な教育を受けていなかった父親は、文字を書くことができず、経営計画などの書類をつくることができません。生活は貧しく、子どもたちに何かを買い与《あた》えることもできませんでした。

宇居さんは、学校の友だちから「お前の親父《おやじ》は、いつも乞食《こじき》みたいな格好《かっこう》をして歩いている」と言われ、恥《は》ずかしい想いを噛《か》みしめました。

少年時代の両親の思い出は、つらく悲しいことばかり。「父親のような惨《みじ》めな人生は送りたくない」。宇居さんはそんな気持ちでした。

農家に生まれるとこうなってしまう——人生の束縛《そくばく》2

一方、母親は、豊かな家の出身でした。しかし、生活が大変な農家に嫁《とつ》ぎ、苦労を重ねる中で、次第に気持ちが荒《すさ》んでゆきました。丈夫《じょうぶ》な身体で、男性にも負けないほどの力持ちだった母親。宇居《うい》さんたちは、その母親に厳しく育てられたのです。

小学校1年生のとき、宇居さんが家の仕事を拒《こば》むと、母親は「足腰《あしこし》が立たないようにしてやる」と言って、長い棒で何度も叩《たた》いたことがあるほどでした。

「自分がこんな目に遭《あ》うのは、酪農《らくのう》という惨《みじ》めな仕事をしているからだ」

宇居さんは、ますます家業が嫌《きら》いになってゆきました。

同じ年、こんなこともありました。クラスメートのA君は、宇居さんと同じ農家の息子。そのA君が、お弁当を持ってくることができず、他の生徒が昼食を食べている間、グラウンドで1人、ボールを蹴《け》っていました。

その姿を見た宇居さんは、「農家に生まれたから、こんなことになってしまうんだ」と、つらい想いを噛《か》みしめたのです。

宇居さんは、人生の始まりにおいて、酪農に対して前向きで明るい気持ちを何1つもつことができませんでした。酪農に関わるあらゆることに、暗く拒絶的《きょぜつてき》なイメージが張りついていたのです。

28年前の魂の体験

そんな気持ちを抱《かか》えながらも、宇居《うい》さんは、結局、父親の跡《あと》を継《つ》いで酪農《らくのう》の仕事を始めます。理不尽《りふじん》な想いをすべて呑《の》み込《こ》んで、酪農で生計を立ててゆくことになったのです。

それは、ある意味で大変な苦節を重ねた時代です。

「どうしたら経営が楽になるのだろう」

「どうしたら苦境を脱《だっ》することができるのか」

当然のことながら、HOW《ハウ》の取り組みが中心でした。

転機が訪れたのは2005年。酪農の仕事に1つの形をつくり、ようやく落ち着いてきた頃《ころ》、宇居さんは、再び「魂の学」と出会ったのです。

「再び」と言うのは、実は宇居さんは、遡《さかのぼ》ること28年、高校生のとき、1977年に箱根で行われたGLAの青年セミナーに参加したことがありました。

そこで宇居さんは、自分が肉体を超《こ》えた魂の存在であるという、目が覚めるような体験をしたのです。それは、宇居さんにとって、「ユニバース体験」としか言いようのないものでした。その体験が、その後の28年の人生を支え続けることになりました。

奥様と共に、再び私の講演会に参加した宇居さんの胸に、若かりし頃の感動が蘇《よみがえ》りました。その後、「魂の学」を学び実践《じっせん》するお1人として、心と現実を変える実践に向かっていったのです。

宇居さんは、28年のブランクを乗り越えて、さらなる精進《しょうじん》を重ねてゆきました。自分は永遠の生命を抱《いだ》く魂の存在。その魂として人生を生きるとは、どういうことなのか――。そのことを一から尋《たず》ねてゆきました。そして、WHAT《ホワット》・WHY《ホワイ》を問う歩みを始めてゆくのです。

まず、心と現実の分かちがたいつながり。心と現実がまるで鏡で映し合うようにつながっていることを学びました。

その心の傾向《けいこう》を紐解《ひもと》く「煩悩地図《ぼんのうちず》」（人間の心のタイプを4つに分類し、その特徴《とくちょう》を詳細《しょうさい》に示したマップ。本書120ページはその一部。詳《くわ》しくは拙著《せっちょ》『自分を知る力』参照）を手がかりに、自らの心がどのように動き、それがいかなる現実を生んでいるのかをつぶさに見つめてゆきました。

そして、人は誰《だれ》もが、生まれ育ちの条件に縛《しば》られ、「いつもの生き方」を繰《く》り返す宿命から出発しなければならない。けれども、その運命を逆転し、自らに与《あた》えられた使命を生きる段階に至《いた》ることができる――。その真実に目覚めていったのです。

その中で、少しずつ、かつてはつらく苦しかっただけの酪農にも意味があり、理由があると感じ始めてゆきます。

あのときがあったから、今の自分がある――。

この変化は、宇居さんの新たな人生が始まる予感を感じさせるものでした。

廃業《はいぎょう》の危機

それから7年後――。

宇居《うい》さんは、酪農家《らくのうか》として廃業の危機に瀕《ひん》する大試練に遭遇《そうぐう》することになります。

もし、宇居さんがその試練の前に、「魂の学」と出会って心を鍛錬《たんれん》していなかったら、どうだったでしょう。試練に呑《の》み込《こ》まれ、人生は頓挫《とんざ》してしまっていたことは、想像に難《かた》くありません。

もともとわが国の酪農は農協主導で、輸入したトウモロコシなどの穀物《こくもつ》を主な飼料として与《あた》えています。栄養価の高いトウモロコシを食べさせれば、それだけ多くの牛乳がとれる。経営的にもプラスが多い。それが農協の考え方でした。

しかし、長期的に見たとき、この方法には問題もありました。本来、草食動物の牛に穀物を与えると、病気になりやすくなり、ひいては環境問題にもつながっているからです。

宇居さんは、長い間、この状況《じょうきょう》に対する解答を模索《もさく》し、その一環《いっかん》として、自然に生育した牧草を主たる飼料とする酪農を営《いとな》んでいました。

ところが２０１２年、その牧草が不足し、牧場の維持《いじ》が困難になってしまったのです。

宇居さんも、このときばかりは悩みに悩んだ末、業界の慣例に従って穀物の飼料を使うことにしたのです。

しかし、その結果、様々な問題が現れてきました。

１つは、飼料代が高騰《こうとう》し、経営を圧迫《あっぱく》してきたことです。さらに、酪農にとって致命《ちめい》的《てき》なことに、雌牛《めうし》が生まれなくなってしまったのです。

「このまま行ったら、どうなってしまうのだろう」

宇居さんは夜も眠れなくなってしまいました。食事も喉《のど》を通らず、どんどん追い込まれていったのです。

第２創業への挑戦《ちょうせん》

この試練の渦中《かちゅう》にあるとき、私は、宇居《うい》さんにお会いしました。

そして、こうお伝えさせていただいたのです。

三宝出版

出版案内

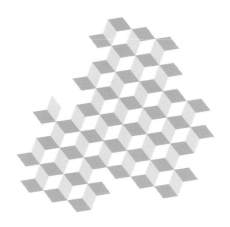

三宝出版

〒111-0034東京都台東区雷門2-3-10
Tel.03-5828-0600(代)
http://www.sampoh.co.jp

著者プロフィール

高橋 佳子（たかはし けいこ）

現代社会が抱える様々な課題の根本に、人間が永遠の生命としての「魂の原点」を見失った存在の空洞化があると説き、その原点回復を導く新たな人間観・世界観を「魂の学」として集成。誰もが、日々の生活の中でその道を歩めるように、実践の原則と手法を体系化している。現在、「魂の学」の実践団体GLAを主宰し、講義や個人指導は年間300回以上に及ぶ。あらゆる世代・職業の人々の人生に寄り添い、導くとともに、日本と世界の未来を見すえて、21世紀の新しいリーダー育成のために「トータルライフ（TL）人間学セミナー」を1996年より毎年開催し、経営・医療・教育・法務・福祉・芸術など、様々な分野の専門家への指導にあたる。魂の次元から現実の問題を捉える卓越した指導は、まさに「人生と仕事の総合コンサルタント」として、各方面から絶大な信頼が寄せられている。1992年から一般に向けて各地で開催する講演会には、これまでに延べ170万人が参加。著書は『人生を取り戻す』『2つの扉』『ゴールデンパス』『自分を知る力』『最高の人生のつくり方』『運命の逆転』『新・祈りのみち』（以上、三宝出版）など90冊を超える。

高橋佳子 著作集

●もう1人の自分

――「魂の賢者」を呼び覚ます

あなたの奥に、あなたも知らない「もう1人の自分」がいる。それは、無限の力と可能性を抱く「魂の賢者」。

四六判並製　定価１９８０円（税込）

●人生を取り戻す

――「まさかの時代」を生き抜く力

コロナ、親ガチャ、窓際、回り道、落ちこぼれ、病、喪失。様々な危機を克服し、自らの人生を取り戻した挑戦の記録。

四六判並製　定価１９８０円（税込）

●12の菩提心

――魂が最高に輝く生き方

「月」「火」「空」などの12の菩提心をイメージし、エネルギッシュで慈しみと包容力に満ちた自分を取り戻す。

四六判並製　定価１９８０円（税込）

●運命の方程式を解く本

運命の方程式を解くとき、過去を理解し未来を予見して、輝く新たな人生へと歩み出すことができる。

四六判並製　定価１９８０円（税込）

●新・祈りのみち

郵便はがき

料金受取人払郵便

浅草局承認

330

差出有効期間
2026年1月24日迄
切手をはらずに
お出しください

1118790

034

東京都台東区雷門2-3-10
三宝出版株式会社 行

●ご記入いただく情報は、小社からの事務連絡や各種ご案内等に使用させていただきます。

おなまえ(フリガナ)	年齢	男・女

おところ〒

TEL.　　(　　)

E-mail:

ご職業(なるべく詳しく)

お買い求めの動機
(該当のものに○をつけてください)

店で見て　新聞・雑誌・広告で　書評・紹介記事を見て
(その新聞・雑誌名　　　　　　　)
人にすすめられて　友人からいただいた　小社からの案内を見て　その他(　　　　　　)

お買い求め書店名及び所在地　　書店　　市・郡

ご購読の新聞・雑誌名

愛読者カード

ご購入の書籍名

ご感想は、スマホ(PC)からも入力できます。
https://www.sampoh.co.jp/reader

愛読者カードをお送りいただいた皆様に粗品をプレゼント！
今後の出版企画に役立たせたいと思いますので、お名前、ご住所をご記入の上、ご返送ください。新刊、講演会等のご案内をさせていただきます。なお、お寄せいただいた内容は、小社の宣伝物に匿名で、(場合によって直筆コピーを)掲載させていただく場合があります。

本書についてのご意見ご感想など、自由にお書き下さい。

※本書をぜひ、ご友人・知人・ご家族にご紹介下さい。

●小社では宅配サービスを行っています(送料実費)。この葉書にご注文の書名と冊数をお書きの上、お申し込みください。

書名	冊

TEL 03-5828-0600(代)FAX 03-5828-0607
http://www.sampoh.co.jp/

「宇居さんが取り組んでいることは、第２創業ですよ」

歴史のある会社は、時代の変化の中で、事業の翳《かげ》りを迎《むか》えることが少なくありません。同じ業態を続けてゆくことが困難になってしまうのです。そのようなとき、歴史を引き継《つ》ぎながらも、事業や業態を見直し、新たな創業にも等しい転換《てんかん》を図《はか》ることを第２創業と呼びます。

それはまさに、本章で触《ふ》れたＷＨＡＴ《ホワット》・ＷＨＹ《ホワイ》の歩みなしにはできないものです。

自分が向き合っている事態が本当はいかなるものなのか。その事態の再定義から始まり、願いと目的を明らかにし、そこに向かって自分と現実の関係をつくり直す。そうして初めて、第２創業は進んでゆきます。

私は、その意を込《こ》めて、宇居さんの新たな歩みを後押《あとお》しさせていただいたのです。

宇居さんも、同じ酪農《らくのう》を続けながら、まったく新しい酪農を生み出そうとしていました。そのとき、宇居さんはこんな願いを立てました。

「酪農の世界で、誰《だれ》もやっていないような新しい挑戦をしたい」

古い因習《いんしゅう》や伝統だけではなく、新しい技術をどんどん取り入れたいと思い、２つの挑戦を果たすことになったのです。

第1は人工授精による雌雄《しゆう》の産み分けの挑戦、第2はホルスタインと本和牛の交配による交雑種《こうざつしゅ》の生産でした。

他所《たしょ》では先例があるものの、別海町《べつかいちょう》ではまだ誰も取り組んだことのないやり方だったのです。

V字回復

周囲の同業者からは、「そんなことをやったら、牧場がダメになるぞ」と言われました。かつての宇居《うい》さんなら、それだけで「むずかしい。無理」とあきらめていたのではないでしょうか。

しかし、このとき、宇居さんの心には、「大丈夫《だいじょうぶ》。これでやってゆける」という確固とした中心軸《じく》がつくられていたのです。

それは、根拠《こんきょ》のない自信ではありません。心の奥にある魂の動機、魂がもたらす人生の目的につながった自信だったのです。

2012年、一時は破綻《はたん》するのではないかと思われた経営状態が、大きく改善の方向に向かいました。

2014年は、売上3000万、利益1000万でV字回復。

2021年は、売上5000万、利益1800万で利益率36%。

通常、牧場の利益率は10〜20%であることを考えると、驚異的《きょういてき》な数字です。

実際、別海町《べつかいちょう》でもトップクラスでした。

「必要な出来事を必ず経験する」「必要な条件を引き受ける」

では、宇居《うい》さんは、なぜこのような新たな挑戦《ちょうせん》を果たすことができたのでしょうか。

それは、単に目新しいやり方に走ったということではありません。

もし宇居さんが、HOW《ハウ》の生き方だけを頼《たよ》りにしていたら、どうだったでしょう。

きっと、マイナスの現実に動揺《どうよう》し、心を波立たせ、暗転の渦《うず》に呑《の》み込《こ》まれてしまっていたでしょう。

しかし、宇居さんは、「自分は今、この試練を経験する魂である」。魂という「もう1人の自分」として、その現実を受けとめたのです。

そして、魂の次元にあるWHAT《ホワット》・WHY《ホワイ》の智慧《ちえ》にアクセスしてゆきました。

なぜ今、自分はこの事態と出会っているのだろう。自分が本当に願っていることは何なのか。自分にとって、真に果たすべき目的とは何なのか――。

そう自らに問いながら、事態に向き合っていったのです。

その中で、宇居さんは、**「必要な出来事を必ず経験する」**という感覚を育ててゆきました。

「事業の存続も危ぶまれる試練があったからこそ、誰《だれ》もやったことがない挑戦に誘《いざな》われた。これが、『必要な出来事を必ず経験する』ということだったんだ」

酪農《らくのう》という仕事の青写真を探すために、「誰もやったことがない新しい挑戦をしたい」という想いが、宇居さんの魂につながったからこそ、このような結実を手にすることができたということです。

さらに、宇居さんは、**「必要な条件を引き受ける」**という確信を強めてゆきます。

かつての宇居さんは、別海町《べつかいちょう》に生まれた自分を不憫《ふびん》に想っていました。

「こんな片田舎《かたいなか》での生活を強《し》いられている。とんでもないところに生まれてしまった」。

それが偽《いつわ》らざる実感でした。

その宇居さんの中に生まれた新たな気持ち――。

「幼い頃《ころ》に味わった辛酸《しんさん》。酪農家ゆえの過酷《かこく》な日々。でも、それがあったからこそ、酪農を素晴らしい仕事にしたいと願った。あのときはわからなかったが、今ならわかる。自分は、酪農を輝《かがや》かせるために、必要な条件を引き受けていたんだ」

必要な人生の条件を引き受け、必要な出来事を経験した宇居さんだからこそ、その内から比べようのない魂の願いを引き出すことができたのです。

そこに生まれた本心は、周囲の人にも伝わってゆきます。まず、長男が牧場を継《つ》いでくれることになりました。次男も、酪農をやりたくて、2021年の秋、牧場を購入しました。

子どもたちだけではありません。宇居さんの周囲には、夢をもって酪農に取り組む新《しん》規就農者《きしゅうのうしゃ》が10人以上も現れています。

酪農《らくのう》は世界で一番幸せな仕事

冒頭にも述べたように、わが国の酪農の現状には大変厳しいものがあります。

まず、新しい人がなかなか入ってきません。

今、多くの酪農家が、かつての宇居《うい》さんのように、「農家に生まれたから、こんなもの」「豊かになんかなれるはずがない」という想いを抱《いだ》いています。業界の中に、そうした暗黙《あんもく》の了解《りょうかい》が浸透《しんとう》しているということです。

そして、その現状に対して、「農協が悪い」「アメリカが悪い」といったように、原因を外に見て、希望をもてずにいるのです。

宇居さんも例外ではありませんでした。

酪農業界の現状、その中にある多くの酪農家の想い――。それは紛《まぎ》れもなく、宇居さん自身が抱《いだ》いていたいつもの気持ち、いつもの関わり、いつもの現実でした。かつての宇居さんの「いつもの生き方」そのものだったのです。

酪農を担《にな》う自分たちがこういう状態では、新たな人たちに希望を与《あた》えることなどできるはずがない。酪農が元気になるには、どうすればよいのか。

何よりの希望は、いつもの生き方を脱《だっ》した新しい酪農家――「酪農家の先駆者《せんくしゃ》」が生まれること――。

「自分は素晴らしいところに住んでいる」。それが、宇居さんの内に生まれた気持ちです。

かつては「酪農なんか大嫌《だいきら》い」。しかし、今では「本当にこの仕事をしていてよかった。酪農は世界で一番幸せな仕事」。心からそう思っているのです。

牧場で牛の世話をする宇居さん。「自分は、本当に素晴らしいところに住んでいる。緑の輝き、牛が草を食む姿、大自然の美しさ。いつも感動する。酪農は自分の天職——」。その言葉そのままに、宇居さんの表情は清々しく、いきいきとしている。

「以前の自分は、とりあえず牧場を維持《いじ》して、生活が成り立てばよいと思っていた。しかし、今は違《ちが》う。自分にとって酪農は天職。この仕事をしていて本当に幸せ。酪農に携《たずさ》わるみんなが、この気持ちになったらどうだろう。そう思えれば、新しい人もどんどんやってくるはず」

酪農を世界で一番幸せな仕事にすること。それこそが、宇居さんの新たな人生の目的であり、そのために、誰《だれ》もやっていないような新しい挑戦《ちょうせん》に向かいたい――それが宇居さんの本心となったのです。

この想いは、どこからやってきたのでしょうか。

それは、他でもない宇居さんの中にいた「もう1人の自分」が抱いていた気持ちなのです。

あれほど酪農が嫌《いや》で仕方《しかた》がなかった1人の人間の中に、酪農の未来を思い描《えが》き、その実現に向かって挑戦する「酪農家の先駆者」が潜《ひそ》んでいた――。

何という人間の不思議《ふしぎ》でしょう。何という人生の驚《おどろ》きでしょう。

こういう1人ひとりの姿に接するとき、私は、人生にしくまれた人智《じんち》を超えた計《はか》らいに、限りない畏怖《いふ》を抱かざるを得なくなるのです。

第3章　デフォルトモード

人間は魂の存在。
多くの人生経験を重ね
その内に智慧《ちえ》と境地を蓄《たくわ》える。
しかし、人生の始まりは
「魂」スリープ・「もう1人の自分」なし。
それがデフォルトモード
人生の初期設定である。
そこから脱出《だっしゅつ》するために
「見えない心の殻《インビジブルシェル》」を打破《だは》しなければならない。

人生の初期設定《デフォルトモード》――「魂」スリープ・「もう1人の自分」なし

私たちは、誰《だれ》もが多くの智慧《ちえ》を抱《いだ》いた「魂」の存在――。

その「魂」の可能性と力は、前章でも確かめてきました。

でも、それは自然に現れてくるものではありません。

魂は、この世に誕生する前にレーテー(忘却《ぼうきゃく》)の泉の水を飲まなければならないという古代ギリシア以来の言い伝えがあります。ご存じの方もいらっしゃるでしょう。でも、それは単なる言い伝えではありません。

私たちがこの世界に生まれてくるとき、魂として積み重ねてきた体験も、幾度《いくど》もの人生を通じて蓄《たくわ》えてきた智慧も、すべてを忘れたところから、人生を始めなければならないからです。

智慧もつ意志のエネルギーである「魂」は、物質である「肉体」と出会うことによって「心」をつくり、その心を中心として人生を生きてゆくことは、前章でお話ししました。

しかし、この世に生まれると、魂は肉体の中に埋没《まいぼつ》してしまう――。

それが、人間の宿命なのです。

誰もが最初は、「魂」がスリープ（眠っている）の状態、「もう1人の自分」を忘れてしまった状態で生き始めるということです。

それが、人生の初期設定＝デフォルトモードです（デフォルトモードとは、コンピューターやスマートフォンの出荷時の初期状態のこと）。

私たちは、いかなる時代、どの国のどの地域に生まれようと、「魂」スリープ・「もう1人の自分」なしのデフォルトモードから、人生を始めなければならないのです。

「もう1人の自分」とは、魂としての自分。

「もう1人の自分」を忘れるとは、そもそもの自分を忘れるということ。

自分が何者であるか。どこから来て、どこへ向かおうとしているのか。

自分という存在の根を失ってしまうのです。

そして、そこに生み出されるのは、「いつもの自分」の生き方です。

「いつもの自分」の生き方とは

第2章では、「いつもの自分」、そしてその自分がつくり出す「いつもの生き方」についてお話ししました。ここでは、それをさらに詳《くわ》しく見てゆきたいと思います。

「いつもの自分」の生き方は、**「いつもの気持ち」「いつもの関わり」「いつもの現実」**を生み出します。

「いつもの気持ち」とは、ものごとを受けとめたり、様々な現実にはたらきかけたりするときの気持ちに、繰《く》り返している特有の傾向《けいこう》があるということです。

たとえば、いつも明るく積極的な気持ちを抱《いだ》いている人もいれば、暗く消極的な気持ちの人もいます。また、いつも恩恵《おんけい》や感謝の気持ちに満たされている人がいれば、常に不満や理不尽《りふじん》さを抱《かか》えている人もいます。

人は、生まれ育ちとともに「自分」になってゆく中で、そうした「いつもの気持ち」をつくりあげているのです。

「いつもの関わり」も同じです。

私たちは、人との関わり方に1つの傾向をもっています。

相手をリードしようとする人もいれば、相手に頼《たよ》る人もいます。

また、波風が立たないことを何よりも重視する人がいれば、相手と衝突《しょうとつ》しても、ものごとの良し悪《あ》しをはっきりさせたい人もいます。

そして、私たちが「いつもの気持ち」で「いつもの関わり」を続ければ、その結果、同じような**「いつもの現実」**を繰り返し生み出すようになる――。
あなた自身も、そうなってはいないでしょうか。

3つの「ち」が束縛《そくばく》する

では、なぜ、「いつもの自分」の生き方がつくられてしまうのでしょうか。その理由に、人生のしくみとも言うべき土台があります。

人生の成り立ちに大きな影響《えいきょう》を与《あた》えているのは、まず、肉体に基づく**快感原則**、そして、生まれ育ちの中でもたらされる**3つの「ち」**という人生の条件です。

快感原則は、快を引き寄せ、苦を退《しりぞ》けようとします。あらゆる生命に共通する生存本能とも言える原則です。

良いか悪いか、得か損か、認められるか認められないか、あらゆる刺激《しげき》を快＝マルか苦＝バツかの天秤《てんびん》ではかり、マルに傾《かたむ》けば舞《ま》い上がり、バツに傾けば落ち込《こ》んでしまう。そんな傾向《けいこう》は、誰《だれ》にでもあるのではないでしょうか。

この快苦による上下動は、日常のほとんどの時間を支配していると言っても過言ではありません。それは、あなたも痛感されるのではないでしょうか。

3つの「ち」

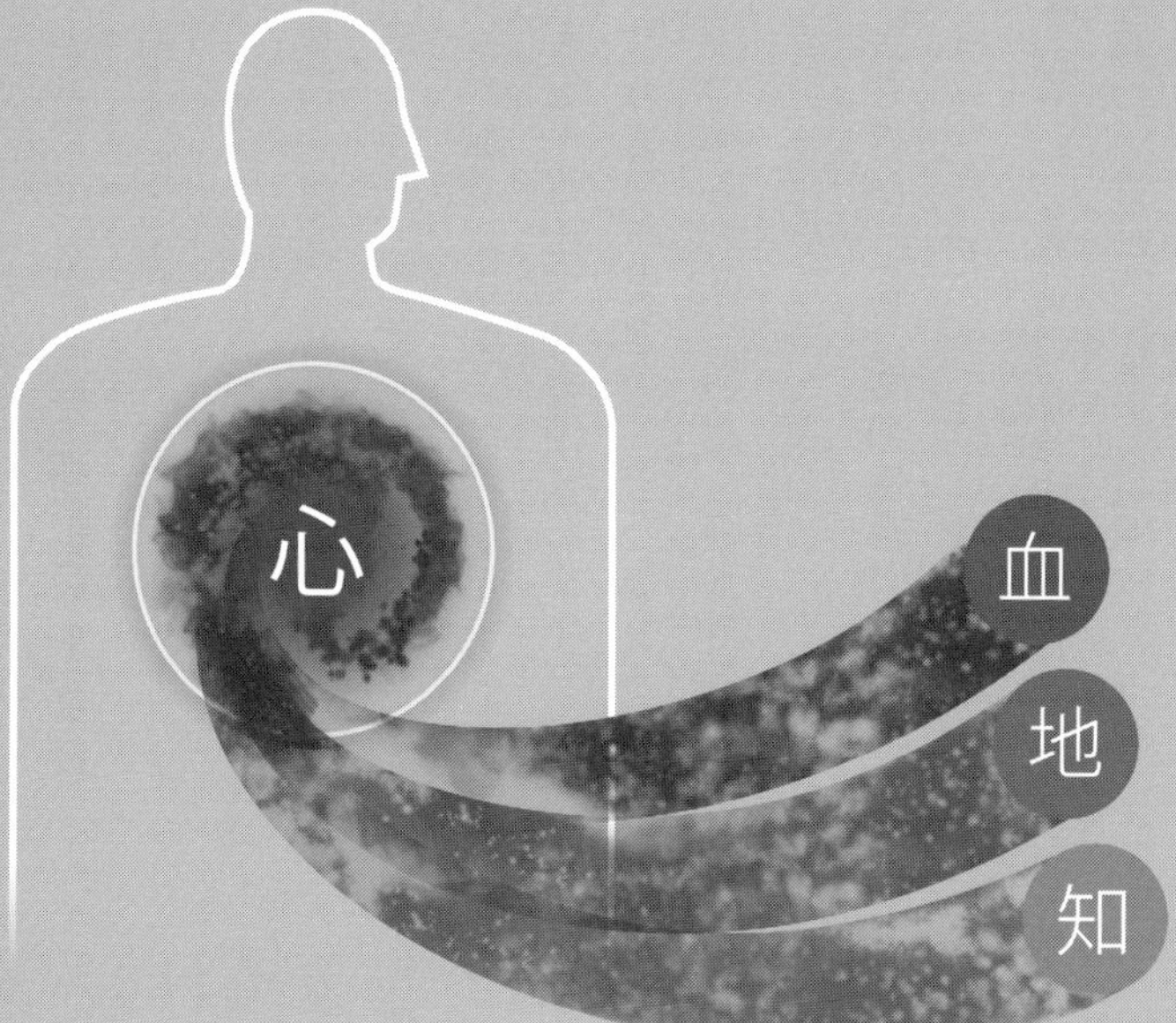

「血」＝両親・家族から流れ込む価値観や生き方

「地」＝地域・業界から流れ込む前提や慣習

「知」＝時代・社会から流れ込む常識や価値観

図4

また、3つの「ち」とは、
「血」＝両親・家族から流れ込む価値観や生き方
「地」＝地域・業界から流れ込む前提や慣習
「知」＝時代・社会から流れ込む常識や価値観
のことです（図4）。

3つの「ち」によって、私たちに流れ込んでくる様々な知識、価値観、生き方は、いわば、心のデータバンク（情報の貯蔵庫）としてはたらく一面があります。私たちは、自分の考えや行動を生み出すとき、このデータバンクから情報を引き出すのです。逆に言えば、そこにないものを引き出すことはできません。

快感原則と3つの「ち」は、私たちの生き方をつくるうえで、決定的な影響を与えます。

両親の言葉や接し方が、私たちの生き方を束縛することはめずらしいことではありません。

常に親から認められ、大切にされて育った人は、自分を肯定《こうてい》できる心の傾向を抱《いだ》き、ものごとにも楽観的・肯定的に接します。

一方、両親から認められず、蔑《さげす》まれて育った人は、自分を肯定することができないだけではなく、ものごとに悲観的・否定的に接する傾向を抱《かか》えます。

世間や他人への不信を抱く両親からは、その世界不信、人間不信の想いが流れ込み、逆に、世間や周囲の人を信頼《しんらい》する両親からは、世界信頼、人間信頼の想いが流れ込みます。それが心に根づき、「いつもの気持ち」をつくりあげるのです。

「いつもの自分」の生き方――どういう受信と発信を繰《く》り返すのか

人間の生き方は、心を中心に2つのはたらきが繰り返されることで成り立っています。

その2つとは、外側からやってくるものを受けとめる**受信のはたらき（感じ↓受けとめ）**と、内側に生まれたものによって外側へはたらきかける**発信のはたらき（考え↓行《こう》為《い》する）**です（図5）。

様々な出会いや出来事、目の前に広がる光景、突然降りかかる事態――。それらを受けとめるとき、私たちは喜《よろこ》んだり、感動したり、心配したり、何かしなければと思ったりします（感じ↓受けとめ）。そして、その想いを、具体的な言葉や行動として、外側に現してゆきます（考え↓行為する）。

受信と発信

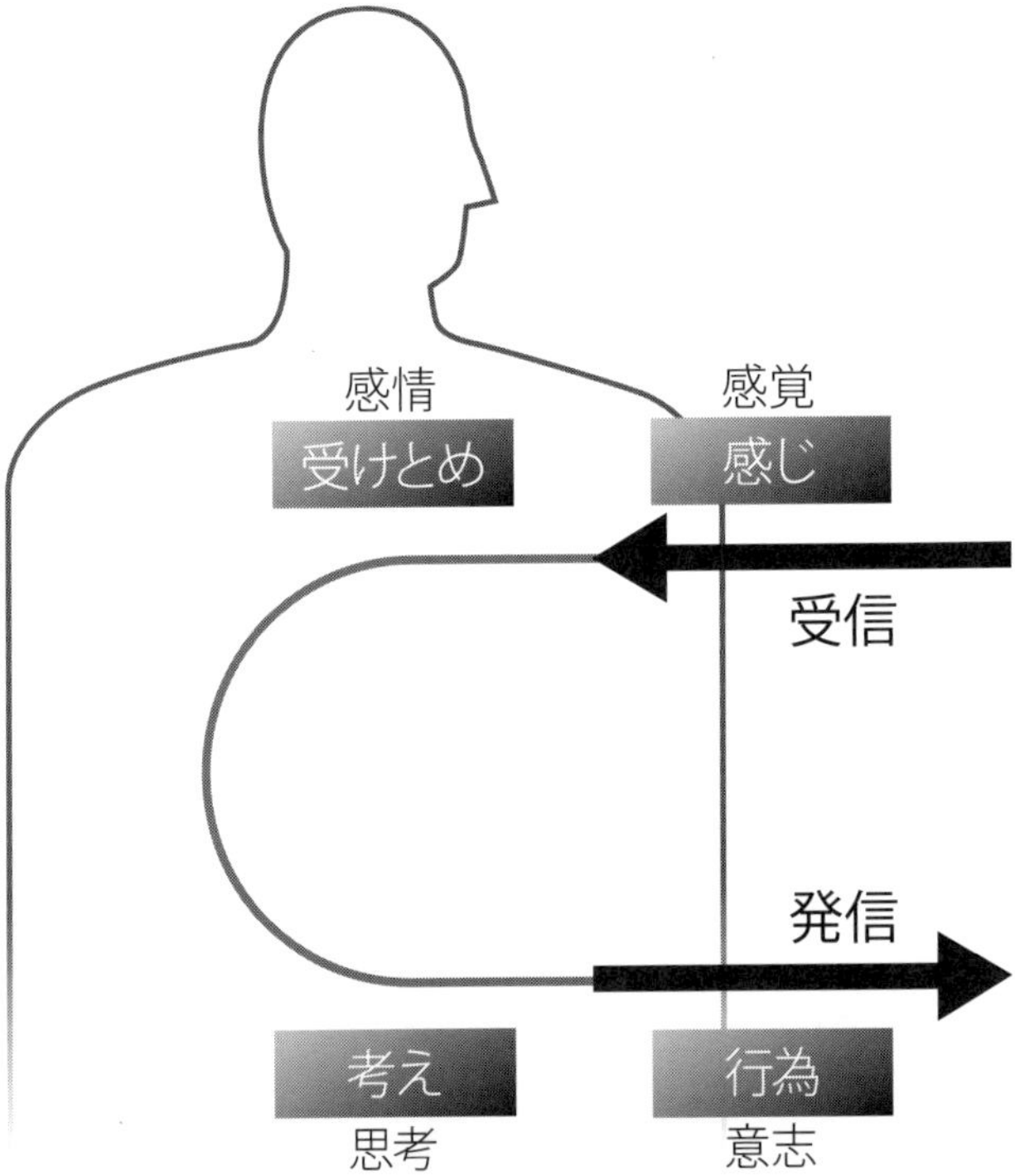

図 5

私たちは、日々、それ以外のことは何もしていないと言っても過言ではありません。代表的な**受信の傾向**《けいこう》は、ものごとを楽観的・肯定的《こうていてき》な気持ちで受けとめるか、悲観的・否定的な気持ちで受けとめるかです。

「大丈夫《だいじょうぶ》」「何とかなるだろう」「きっとうまくいく」と思える傾向と、「ダメだろう」「もう無理だ」「きっとむずかしい」と感じてしまう傾向の2つが基本になっているということです。

誰《だれ》もが、この2つの傾向のいずれかを自らの基調として抱《いだ》いているのです。

発信の傾向とは、エネルギーの出し方に関わるものです。エネルギーをどんどん放出する人がいる一方で、エネルギーをあまり放出せず、抑制《よくせい》する人がいます。

いろいろなことに同時に挑戦《ちょうせん》し、人と出会ったり、出かけたりすることが苦にならず、エネルギーを出せば出すほど充実《じゅうじつ》を感じ、生きている実感を覚える傾向と、限られた取り組みや出会いで満足し、エネルギーを放出するよりも、安定していることに歓びや落ち着きを覚える傾向の2つがあります。

発信の仕方《しかた》についても、誰もがこの2つのいずれかを自らの基調として抱いています。

4つの傾向《けいこう》・4つの回路

受信と発信には、これら2つの傾向の組み合わせによって、4つの基本的な傾向があります（図6）。その4つは、それぞれに特徴《とくちょう》があり、本書では、「自信家」「幸福者《こうふくもの》」「卑下者《ひげしゃ》」「被害者《ひがいしゃ》」として表すことにします。

あなたは、この中のどの傾向を抱《いだ》いているでしょうか。

(1)「自信家」＝ものごとを楽観的・肯定的《こうていてき》に受けとめ（受信し）、積極的に優位に関わる（発信する）傾向

「自信家」は、ものごとを前向きに受けとめるあまり、多少問題があっても「ゴーサイン」を見がちです。エネルギッシュに様々なことに挑戦《ちょうせん》し、周囲を引っ張ってゆくリーダーシップを示すことが多い傾向ですが、自己肯定感と優位の感覚が強く、自己中心的な傾向があるため、「自分が1番わかっている」という想いで周囲の人たちを軽《かろ》んじ、あつれきを生んでしまうことが少なくないのです。

(2)「幸福者」＝ものごとを楽観的・肯定的に受けとめ（受信し）、穏《おだ》やかに融和的《ゆうわてき》に関わる（発信する）傾向

「幸福者」は、「穏やかで温和ないい人」と受けとめられることが多く、人間関係も融

4つの傾向と回路

ものごとを楽観的・肯定的に受けとめ（受信し）、穏やかに融和的に関わる（発信する）

ものごとを楽観的・肯定的に受けとめ（受信し）、積極的に優位に関わる（発信する）

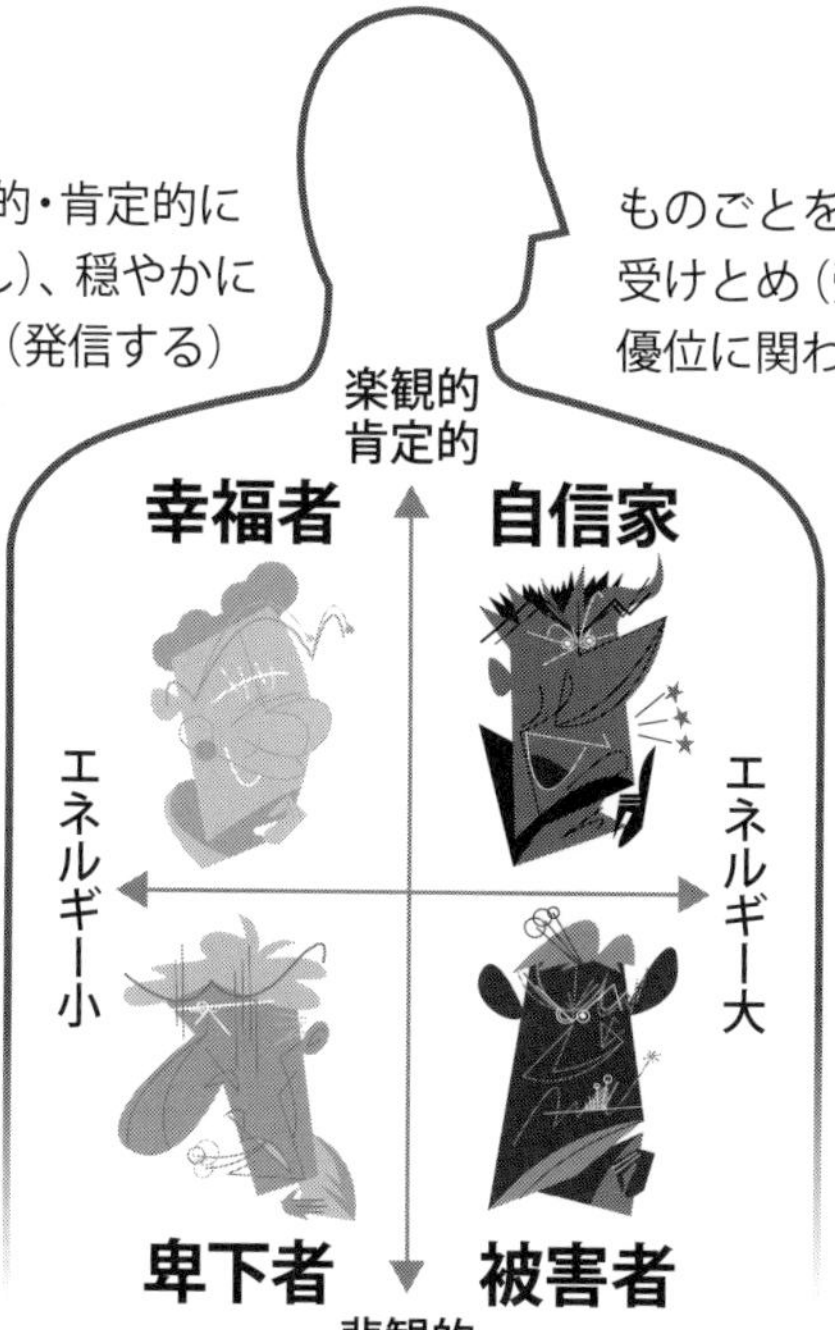

ものごとを悲観的・否定的に受けとめ（受信し）、つつましく消極的に関わる（発信する）

ものごとを悲観的・否定的に受けとめ（受信し）、激しく攻撃的に関わる（発信する）

図 6

和的ですが、強い人に依存する傾向があり、緊張感も緩《ゆる》みがちで、ミスやもの忘れが多く、頼《たよ》りにならない面があります。気になるところがあっても「まあ、大丈夫《だいじょうぶ》」と受け流し、現状維持《いじ》になりがちのため、気がついたら大きな問題になってしまうのです。

（3）「卑下者」＝ものごとを悲観的・否定的に受けとめ（受信し）、つつましく消極的に関わる（発信する）傾向

「卑下者」は、まじめで勤勉ですが、自己肯定感が弱く、行動は後ろ向きで消極的なことが多く、大人《おとな》しく静かな印象を与えます。まだ可能性があっても「もうダメ」と受けとめがちで、NO《ノー》に弱く、何かあるとすぐに立ち止まってしまいます。問題が生じても、自分が我慢《がまん》したり、あきらめたりすることによってものごとを調整しようとする傾向があります。

（4）「被害者」＝ものごとを悲観的・否定的に受けとめ（受信し）、激しく攻撃的《こうげきてき》に関わる（発信する）傾向

「被害者」は、人間不信、世界不信を抱《かか》えているために、NOに対して敏感《びんかん》です。何かあるとすぐに悪意と受けとめ、攻撃的なエネルギーで対抗《たいこう》しようとします。自分に与《あた》えられた役割は強い責任感をもって果《は》たし、ものごとをきちんと進めることができる一方で、自分を超《こ》えて他の人々に応《こた》えることは苦手です。人間関係は殺伐《さつばつ》となりがちで、それによって、新たな問題を起こしてしまう傾向があります。

いかがでしょうか。**私たちは、これらの中の1つを自らの主たる傾向として抱きつつ、状況《じょうきょう》に応じて他の傾向も現しています。それらが「いつもの自分」の生き方=デフォルトモードになるということです**（心の受信・発信の4つの傾向と回路の詳細《しょうさい》は、拙著《せっちょ》『自分を知る力』を参照）。

そして、これらの回路、傾向が、実は心のプログラムになっていることがわかります。私たちの心は、自分が望むと望まざるとにかかわらず、4つの回路が示すプログラムに従って動いているということなのです。

人間機械になっていないか

デフォルトモードとして定着している「いつもの自分」の生き方を変えることは、容易ではありません。

なぜなら、デフォルトモードで生きているとき、人は何ごとにも機械のように反応しているからです。

「機械のように反応している」と言われれば、あなたは「そんなことはない」と答えるでしょう。

しかし、考えてみてください。私たちの心は、**「感じ→受けとめ→考え→行為《こうい》する」**という一連の流れではたらいています。

刺激《しげき》がやってくると、ほとんど反射的に心が動き出し、行動してしまう。

「卑下者《ひげしゃ》」の傾向《けいこう》をもつ人なら、試練がやってきた途端《とたん》、「ああ、どうしよう」と心臓がバクバクして、「もうダメだ」とパニックになってしまう。

「自信家」の傾向をもつ人は、新しいプロジェクトに参加するように言われた途端、「やった」「力を見せるチャンス」「私が1番わかっている。私の言う通りにすればうまくいく」と周囲に指示・命令を出し始める。

それは、文字通り反射的・機械的と言ってもよい動きです。それをストップすることがどれほど困難なことでしょうか。ぜひ、試していただければと思います。

目の前の事態を新たな気持ちで受けとめ直し、考えを深めて判断し、行動すること。それは実に困難なことなのです。

先に挙《あ》げた4つの傾向は、そうした反応の回路であり、私たちは、生まれ育ちの中でそれらの回路をつくり、「いつもの自分」として生きているのです。

外からやってくる刺激に対して、いつもの生き方が飛び出してくる。

それを繰《く》り返してゆくなら、自分が本当は何を感じているのか、わからなくなってしまうでしょう。「自分」も「今」も、見失わざるを得ないということです。

インビジブルシェルの呪縛《じゅばく》

この世界は、一瞬《いっしゅん》としてとどまることなく変化し続けています。

私たちにとって「今」は、かつて1度も現れたことのない現実のはずです。

しかし、実際は、誰《だれ》もが1つの回路をつくりあげ、「いつもの生き方」でそれに対応しようとしているのです。

それは、過去に基づいてつくった回路によって「今」を生きているということです。

外からの刺激《しげき》に対して、過去の回路が「いつもの生き方」をアウトプットする。

その途中《とちゅう》のプロセスはブラックボックスです。

インプット（入力）とアウトプット（出力）はわかっても、なぜ、どのようにそれが

インビジブルシェル

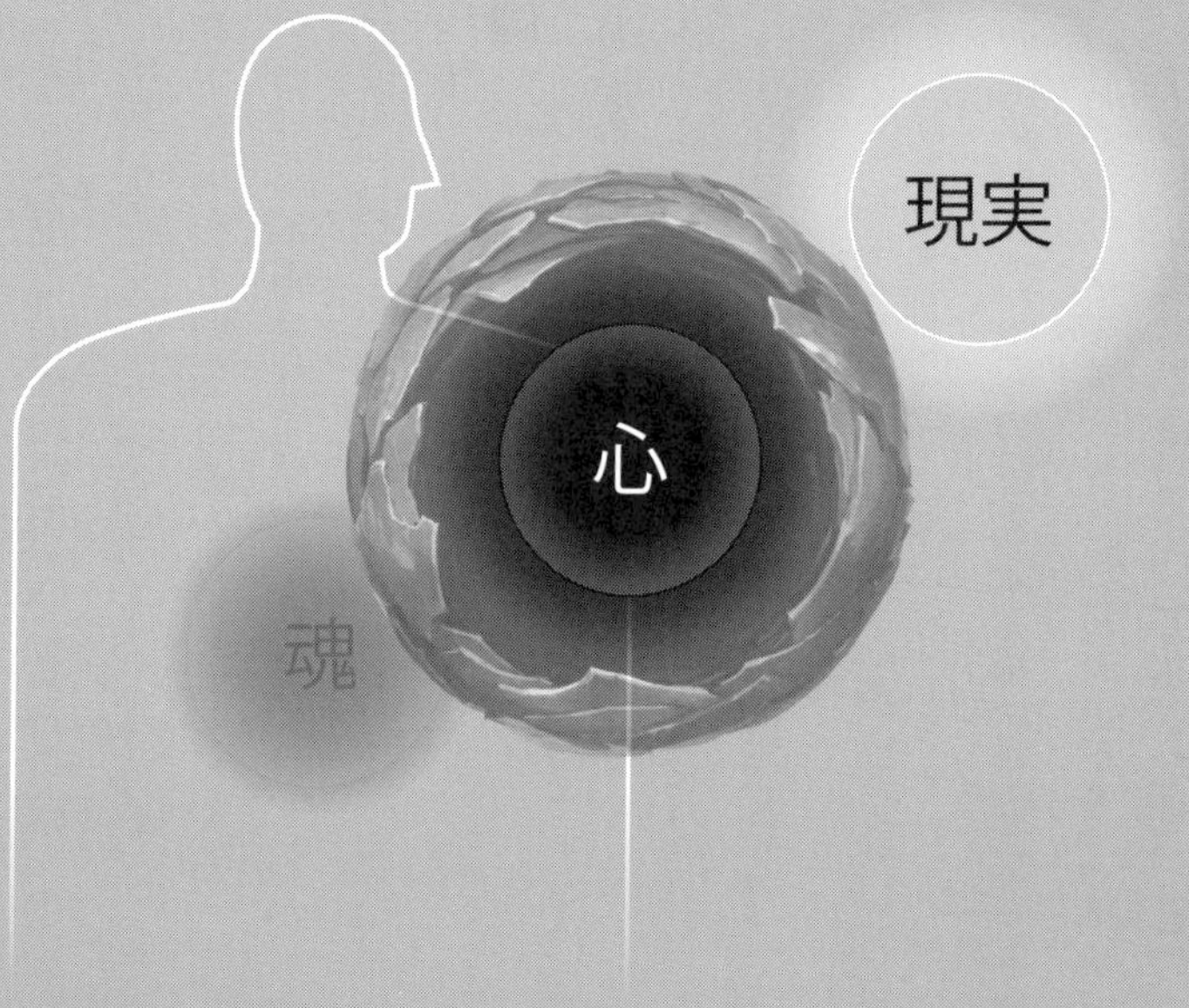

図 7

生まれてくるのかはわからないのです。

私たちは、自分の中に、3つの「ち」で吸い込んだ知識や価値観、生き方が張《は》りついた「見えない心の殻《から》」――インビジブルシェル（Invisible Shell）をつくっている。つまり、生まれ育ちの中でつくってきた4つの傾向、4つの回路が生み出すブラックボックスこそが、インビジブルシェルです。

インビジブルシェルに囲われると、私たちの心は「魂」とつながることができません。「魂」スリープの状態を続けざるを得ないのです（図7）。見えない心の殻によって、内なる魂の力を封印《ふういん》してしまうということです。

「自分を知る力」が解き放《はな》つ

私たちは、自分は世界そのものに触《ふ》れて、一瞬《いっしゅん》一瞬を自由に生きていると考えているかもしれません。

けれども、実は、過去の生き方を繰《く》り返し、「今」「ここ」で体験していることを、過去のやり方で受けとめてしまっているのです。

本章で確かめてきたように、デフォルトモードで人生を始め、インビジブルシェルに閉じ込《こ》められた私たちは、過去の経験に基づいてつくられた自分です。

「今」「ここ」に向かいながら、常に過去の経験を繰り返してしまう。

それほど残念なことはありません。

では、この**デフォルトモードを脱却《だっきゃく》するには、どうすればよいのでしょうか。**

まず必要なのは、「自分を知る力」です。

日頃《ひごろ》、自分がどんな心のはたらかせ方をしているのか。

どのような事態に、どういう受信と発信を繰り返しているのか。

それを知ることが出発点となります。

デフォルトモードとインビジブルシェルの問題は、決してゆるがせにはできません。

なぜなら、人生を束縛《そくばく》し、可能性を押し込めてしまう牢獄《ろうごく》のような場所をつくり出してしまうからです。いうならば、それは、不自由を抱《かか》えることが定められている「宿命の洞窟《どうくつ》」——。

誰《だれ》もがこの「宿命の洞窟」を避《さ》けることはできません。人生は、そこに追い込まれるようにセットされているのです。

しかし、**重要なことは、たとえデフォルトモードのまま、インビジブルシェルに囲わ**

れ、「宿命の洞窟」に囚《とら》われていようと、その人の中には、まったく自由な新しい「もう1人の自分」が息づいているということです。

自分を知ることを通じて、私たちは、束縛された自分を解き放つことができるのです。

長男・末っ子・社長の息子――人生の条件

私たちは、生まれたならば、誰《だれ》もが例外なくデフォルトモードから人生を始めなければなりません。

その中で、私たちの心は、見えざる心の殻《から》――インビジブルシェルに囲われ、その中で歪《ゆが》んだ心の回路をつくる初期設定を背負うことになります。

よりよい人生を生きようとするとき、この条件は本当に厳しいものをもたらします。

大阪で工業用配管資材の専門商社を経営する久門龍明《ひさかどたつあき》さんも、例外ではありませんでした。まずは、その人生の始まりからお話ししたいと思います。

久門さんの人生の条件を一言で表現するならば、「長男・末っ子・社長の息子」に尽《つ》きると言えます。

久門さんの会社は、実質的には祖父がその土台をつくり、今日《こんにち》に至《いた》っています。祖父には息子がなかったため、久門さんの父親は、養子として久門家に迎《むか》えられた方です。しかし、最初の2人の子どもは女の子でした。

2人姉妹の次に生まれたのが久門さん――。待ちに待った跡《あと》取《と》り息子でした。それがどれほど待ち望まれた誕生であり、久門家にとってどれほど大きな歓《よろこ》びだったでしょうか。

久門さんの名前の龍明の「龍」は、祖父から一字をもらいました。

祖父は、久門さんが生まれた翌年に他界。それでも、なぜか久門さんは祖父の生まれ変わり――久門家には、そんな気分さえあったというのです。

会社を実質的に創業した祖父は、久門家では特別な存在です。しかし、持参金つきで嫁《とつ》いできた祖母には頭が上がりませんでした。祖父亡き後も、祖母は久門家で大きな存在であり続けたのです。

その祖母は、久門さんを溺愛《できあい》しました。久門さんに、よくこうおっしゃっていたのです。

「久門家のものは、竈《かまど》の灰までお前のもの」

幼い子どもが、こんなことを言われ続けたらどうでしょう。本当にそうだと思い込《こ》んでも不思議《ふしぎ》はありません。

デフォルトモード——わがまま放題の学校生活

中学生の頃《ころ》、久門《ひさかど》さんは、夏休みになると、父親の会社の倉庫でアルバイトをしていました。

昼休みに祖母のところでお昼ご飯を食べ、1時になって、「もう行かなきゃ」と言うと、祖母は、「お前は働かなくてもいい」。そして、久門さんはそのまま昼寝。そんな感じだったのです。

久門さんは、今でこそ質素倹約に努める経営者ですが、当時は、祖母が何万円もするシルクのシャツや、1着25万円もするスーツを買ってくれて、さらにブランドの指輪を身につけて通学する。それが日常茶飯事《さはんじ》でした。

まさに、高級ブランド品で身を固めて闊歩《かっぽ》していたのが、当時の久門さんだったのです。

そのうえ、甘やかされ、何をやってもほめられたのが久門さんでした。

それも、通常では考えられないようなレベルだったのです。

たとえば、いたずらをしてテレビを壊《こわ》して遊んでいると、「お前は研究熱心でえらい」。お茶碗《ちゃわん》を割っても、「お茶碗が壊《こわ》れれば、お茶碗屋さんが儲《もう》かる。お前はえらい」。そのうち、「ポストが赤いのはお前がえらいからだ」。そう言い出すのではないかと思うほど、一事が万事、何をやっても「お前はすごい。お前はえらい」。そういう感じでした。

では、学校生活はどうだったのでしょうか。

久門さんは、小学生のときから、タクシーで塾に通っていました。

中学は、名門大学までストレートに進める付属中学校に入学。

高校生になると、大学生が行くような場所に出入りするようになります。居酒屋もよく行きました。支払いも、サインをすれば父親のツケで飲食ができてしまうのです。

毎月のお小遣《こづか》いは10万円。財布の中には常に2、3万円のお金が入っていました。

当時の感覚は、「欲しいものは何でも手に入る。おもしろく、楽しければそれでいい。今遊ばないでいつ遊ぶの？」。

久門さんは、学生時代、あまり勉強した記憶《きおく》がありません。「要領よくテストをパスし、とりあえず大学を卒業してしまえばいい」。ですから、成績も「仲間と協力して60点くらい取ればよい」という感じでした。

まさに、わがまま放題の学校生活を送ってきたと言っても過言ではありません。

それが、久門さんが人生の中でつくりあげた最初の生き方――デフォルトモードでした。

大きな失敗――何がそれを引き起こしたのか

大学卒業後、ほどなくして父親の会社に入社した久門《ひさかど》さんは、最初から将来の社長として期待されるスタートを切りました。

取引先やお客様のところへ行くと、「久門さんは何人兄弟の何番目？」と聞かれる。「末っ子の長男です」と言うと、「では、あなたが跡取《あとと》りだね」といつも言われたのです。

しかし、久門さんは、最初の段階で大きな失敗を経験します。

入社当時、時代はバブル絶頂期の少し後で、株に手を出すことになりました。

財産分与《ぶんよ》で3000万円ほどの資産があり、それを株式に投入したのですが、最終的に数千万の損失を出してしまったのです。

その損失は、結局、父親に肩代わりをしてもらうことになりました。

それを起こしたのは、まさに久門さんの人生の初期設定＝デフォルトモードにつくられていたインビジブルシェルです。

3つの「ち」によってつくられたのは、わがまま放題の現実であり、それを生み出したのは、「根拠《こんきょ》のない自信」と「根拠のない安心」。インビジブルシェルそのものでした。

「根拠のない自信」とは、周りの人たちの力によって自分の実力以上の力が発揮《はっき》されているのに、それを自分の力であると錯覚《さっかく》してしまうことです。

「根拠のない安心」とは、困ったことが起こっても、誰《だれ》かが何とかしてくれる。最終的には、どこかから救いの手が入って何とかなると安易に考えてしまうことです。

株式投資の失敗は「根拠のない自信」によって引き起こされ、その穴埋《あなう》めを父親にしてもらったことによって、問題はカバーされ、「根拠のない安心」はさらに強化されたのです。

久門さんは、まさに生まれ育ちのままの心を抱《かか》えたまま、仕事を始めることになりました。

根拠《こんきょ》のない自信――インビジブルシェルの核心《かくしん》

久門《ひさかど》さんが入社したのは24歳のとき。5年後、29歳で名古屋支店長になります。新人の部下を1人連れて乗り込み、「売り上げを倍増するぞ」と意気込《こ》んでいました。

会社では、「コーヒー」と言えばコーヒーが出てくる。自分の指示1つで何もかも動いてくれる。支店長の自分を祭り上げて床の間に飾《かざ》っておいてくれる。

当初は、まさにそういう感じでした。

名古屋支店長就任《しゅうにん》にあたって、久門さんは、自分の中で1つのイメージを描《えが》いていました。名古屋支店2年で足場をつくり、東京支店3年で成果を上げて、5年後に大阪本社に凱旋《がいせん》する――。

そう考えても何の不思議《ふしぎ》もありません。なぜなら、久門さんのデフォルトモードは「自信家」、インビジブルシェルの核心は、「根拠のない自信」だからです。

久門さんは、これまで通り何の疑問もなく、自分のやりたいように仕事をしてゆきました。

今、冷静に振《ふ》り返るなら、実務についてまだよくわかっていないところがあるのに、やりたいようにやっている状態でした。

部下や周囲の人たちには、正論や「べき論」を語っていました。そんな話を何度も聞かされて、やる気になる人などいるはずがありません。社員の不満やエネルギーダウンの現実を引き出していたのです。

その結果、就任時は12億あった売上は、翌年には9億になり、2年後には半分の6億になってしまったのです。

社長である父親から「ダメな営業所は閉めろ」という命令が下《くだ》ります。そして、久門さんには、「閉めるのか、それとも立て直すのか。そこまでを考えて判断しなさい」との通達。

これが、久門さんのデフォルトモード、インビジブルシェルが引き起こした現実の第2弾《だん》でした。

呼びかけに応《こた》える実践《じっせん》

久門《ひさかど》さんは、「もうこのまま進むことはできない」と思いました。

すでに「魂の学」を学び始めていた久門さんは、もう「魂の学」に基づく実践しかない――そう覚悟《かくご》を決めたのです。

「魂の学」の研鑽《けんさん》には、経営・医療・教育・法務・福祉などの専門分野の方々を対象に、新しい時代のリーダーを育てる継続的《けいぞくてき》な学びの場――「トータルライフ（TL）人間学シリーズセミナー」があります。久門さんは、このセミナーでの研鑽を通じて、自らの立て直しを志したのです。

「魂の学」は、人生には試練はつきものであると教えます。

どんな人生にも試練はやってくる。ときには、すべてを失うような厳しい現実に直面することもある。しかし、ただ人を脅《おびや》かす困難な現実が降りかかってくるだけではないのです。なぜなら、「試練は呼びかけ」だからです。

試練は、私たちに新たな生き方を始めることを呼びかけ、今まであきらめていたこと、挑戦《ちょうせん》せずに横に置いてきたことにチャレンジすることを促《うなが》します。

「試練は呼びかけ」は、「魂の学」における基本的な実践原則です。

それは、「人生に訪れる出会いや出来事には、すべてに深い意味がある」という人生観・世界観から導き出される生き方です。

まさに、久門さんは、このような人生観・世界観を基として、自分が直面している現実を受けとめようとしました。

思い通りにならない現実が続いても、それはただ「どうにもならない」「すべて終わり」ということを示しているわけではない。「見るのも嫌《いや》だ」と感じても、それを人生から切り離してよいわけでもない。

「今こそ、やり方を変えよ」「現実を捉《とら》え直せ」「自分自身を変えなさい」と呼びかけられているのかもしれないのです。

先にも述べたように、**私たちにとって、目の前の事態は、常に鍵《かぎ》がかかった扉《とびら》。扉の向こう側に進むには、自分が鍵になって、扉を開けなければなりません。それは、事態の暗号を解くにも等しい挑戦なのです。**

倉庫番になる

「魂の学」の実践に心を定めた久門《ひさかど》さんは、早速《さっそく》、共に学んでいる先輩《せんぱい》のところに相談に行きました。

その先輩は、開口一番、「倉庫番をやってみては」の一言。「そうしたら、きっとみんな頑張《がんば》るよ」と言ってくれました。

実は、先輩に現状を説明する中で、倉庫番が不在で、営業マンが交代で務《つと》めていることとを伝えていたのです。

（えっ、倉庫番？　どうしてそんなことをしなければならないの？）

久門さんは、まったく意味がわかりませんでした。

そのときは、そうする気持ちもなく、そのままにしていたのです。

しかし、事態が一向に進まず、いよいよ困窮《こんきゅう》したとき、心に浮《う》かんだのは、先輩が言ってくれた「倉庫番」という言葉――。もうそれしか残っていなかったのです。

倉庫番が本当にできるのか、それをしてどうなるのか、わかりませんでした。

でも、久門さんは、そこに飛び込《こ》んだのです。

工業用配管資材の専門商社として、倉庫には、会社が扱《あつか》う様々な製品が置かれていました。そこを整理したり掃除《そうじ》したりすることは、いうならば、営業に出かけてゆく社員の皆さんを縁《えん》の下で支えるはたらきです。

かつては、上の階から指示命令を出していた久門さんが、社員と同じ階で一緒《いっしょ》に働くことで、皆さんの苦労が見えてきました。

それまでは、「こいつら、できが悪い！」と思っていた社員が、それぞれに頑張ってくれていると思えたのです。

かつては、仕事ではパリッとしたブランドスーツで支店長然としていたのに、何を着ていようと気にならなくなりました。

久門さんは、普段《ふだん》は作業着。取引先などから支店への来訪があっても、作業着姿で応対することもめずらしくなくなりました。

まさに支店の重心となり、「倉庫は俺《おれ》に任せてくれ」と言って皆を送り出すようになっていたのです。

それは、「会社は俺のもの」「自分が上、社員が下」「営業は上、倉庫番は下」という根拠《こんきょ》のない自信と安心を生み出すインビジブルシェルに亀裂《きれつ》を入れる行動になったはずです。

やがて支店内の雰囲気《ふんいき》が大きく変わり、一体感が生まれるようになりました。

その結果、6億に落ちてしまった売上は、4年後には9億円、5年後には12億円とV字回復を遂《と》げたのです。

社長への準備期間——社員を知り、会社を知る

久門《ひさかど》さんが会社に勤務して16年が経《た》った頃《ころ》のこと。

お父様から社長を引き継《つ》ぐという話が進んでいました。

そのとき、私は久門さんに、経営者として、会社のトップとしての「覚悟《かくご》」を問いかけさせていただいたのです。

先の名古屋支店長としての飛躍《ひやく》は、まさにこの「覚悟」に関わるものでした。支店全体の動向の責任をどう受けとめるのか。「自分の責任です」と言葉では言っても、内心では、「でも、自分はやってきたばかり。この不調は自分の責任とは言えないはず」と思っていれば、それは、「覚悟」に至《いた》っていないということです。

知識としてわかることと、そう生きることができることは違《ちが》います。本当の意味で智慧になっていなければ、生きる力にはなりません。ただの知識では、現実を変えることも、自分を変えることもできないのです。

個々の改善点はあるにしても、重心は自分。全体を自分に引き受けることです。

「倉庫番になる」という決心は、1番下の土台から「支店すべてを支えます」という覚悟だったのです。

目の前で起こっていることは、すべて自分に引き受ける——。それが覚悟であり、会社の社長であれば、なおさらのことです。

もし、久門さんに、その覚悟と準備ができていなければ、このまま社長に就任《しゅうにん》しても、決してよい未来を開くことはできない――。私には、会社の未来が見えてしまったのです。

すでに、挨拶状《あいさつじょう》も、代表者の印鑑《いんかん》も準備ができている状態でした。

しかし、久門さんは自らを振《ふ》り返り、社長としてのミッションを果たすために社長就任を延期することを決断されました。

結果的に、社長就任は3年後となり、その3年間、久門さんは副社長という肩書きで、社長への準備期間を過ごしたのです。

久門さんは、先代の社長がいる中で、副社長として社長になる準備ができたことは、本当に有難い時間だったと感じています。

後に久門さんは、この期間、上司と部下という関係だけでなく、同じ1人の人間として関わり、社員1人ひとりと触《ふ》れ合う時間を大切にするようになったと振り返っています。会社全体をもっとよく知り、会社に密着することになったのです。それは、「覚悟」を確かにするために、大きな体験でした。

全国の拠点《きょてん》を訪問するとき、電話をかけるとき、もちろん業務の時間だけに限りはあるものの、許される範囲《はんい》で社員に声をかけ、1人ひとりと話をするように努めました。

その中で、久門さんは、社内のほとんどの社員の電話の声と名前が一致《いっち》するようになったと言います。社員の皆さんを愛する気持ちが深まり、1人ひとりが必ず輝《かがや》くと思えるようになったのです。

3年間の準備期間を経《へ》て、2005年、久門さんは社長に就任。その後、18年に渡り、社員と一体になって、精力的に会社を牽引《けんいん》してきました。

それは、外なる発展と内なる深化を同時に果たしてゆく歩みとなりました。その1つをご紹介したいと思います。

かつての後悔《こうかい》——関連会社への繰《く》り返してはならない関わり

久門《ひさかど》さんの会社は、関連会社との関わりを特に大切にしてきました。

これまでにいくつものM&A《エムアンドエー》（買収）を実施《じっし》し、国内10社、海外2社の合計12社の関連会社をもっています。

たとえば、2016年には、和歌山の会社から「M&Aをしてほしい」との依頼《いらい》がありました。長い間、社長を務《つと》めた男性は80歳の高齢。現在は、夫人が後を引き継《つ》がれています。会社は創業94年の伝統があり、「できればこの会社の名前は残してほしい」という依頼でした。

M&Aという課題です。この課題にどういう境地と智慧《ちえ》によって触《ふ》れるかによって、まったく異なる現実が生まれてくるのです。

実は、久門さんは、関連会社との関わりに様々な後悔がありました。

2000年頃《ごろ》のこと。ある取引先の会社の経営が傾《かたむ》き、このまいったら倒産《とうさん》。「何とか支援《しえん》してほしい」。そんな依頼がありました。

これに対して、久門さんは、インビジブルシェルが生み出した「根拠《こんきょ》のない自信と安心」で、その会社との関わりをつくってしまったのです。

相手の会社の状況《じょうきょう》を精査せずに、「まあ、何とかなるだろう」。最後はどこかで、「ダメだったら、やめればいい」という気持ちがありました。

相手の社長さんは、腰《こし》が痛いと言って、仕事に対する態度は中途半端《ちゅうとはんぱ》。しかし、ゴルフには平日からしっかり出てゆく。

結局、5年ほど経《た》って、会社は倒産してしまいました。

そのときの久門さんの気持ちは、「この会社のおかげで、自分の会社も随分損失《ずいぶんそんしつ》を出した。自分たちは一方的な被害者《ひがいしゃ》。だから自分は悪くない。悪いのは相手」。

それで、この件は決着していたのです。

しかしその後、久門さんは、「魂の学」の専門分野のシリーズセミナーで、当時のことを振《ふ》り返る機会がありました。

すると、あのときとはまったく違《ちが》う想いが湧《わ》き上がってきたのです。

社長に対して、自分は「いいかげんにしろ」と不満をもち続けたが、直接関わって状況を改善することはなかった。ましてや、十数名の従業員は、会社のために一生懸命《いっしょうけんめい》働いている。彼らに責任はない。倒産すれば、従業員やその家族も路頭に迷わせてしまうことになる。自分は、そのことがまったく目に入っていなかった――。

2000年のとき、久門さんは、倒産という現実を受けとめ、本当の意味でその痛みを未来につなぐことができなかったということです。その後、15年という歳月《さいげつ》を経《へ》て、ようやくそのことを振り返ることになったのです。

境地と智慧《ちえ》の現在地――新たな関連会社への関わり

その後、2016年に新たなM&A《エムアンドエー》の話が来たとき、久門《ひさかど》さんがまず思ったのは、これまでとはまったく異なる気持ちで事態に臨《のぞ》まなければならないということでした。

M&Aをするということは、相手の会社の社員を絶対に幸せにすること。この気持ちがなければならない——。

そのうえで、2000年のときの1番の問題は、「ダメだったら、やめればいい」という自分の気持ちだったと受けとめました。本当の責任を背負っていなかったと思ったのです。

もし、同じ心で今回のM&Aに関われれば、望まざる結果を生み、2000年のときの後悔《こうかい》を繰《く》り返すことになる——。

久門さんは、「ならば、自分も背水《はいすい》の陣《じん》でこの案件と向かい合わなければならない」。そう考えました。そして、自らこの会社の代表取締役《とりしまりやく》を買って出ることになったのです。

かつての久門さんならば、そういう判断ができたでしょうか。きっと出資するだけにとどまっていたのではないでしょうか。出資だけなら、その会社がダメになっても自分の名前は傷つかず、逃げることもできるからです。

しかし、久門さんは、かつてとはまったく違《ちが》う境地と智慧で、このテーマに向かっていったのです。

講演における対話を通して、久門さんの生い立ちからの人生の歩みと、「もう１人の自分」を引き出していった実践の意味を紐解く著者。その中で、久門さん本人も気づいていない真意が明かされてゆく。

デフォルトモード解除の結果

結果は、まったく異なるものになりました。
業績は好調。何よりも社員が元気。もちろん課題はあれども、会社は順調です。
これが、境地と智慧《ちえ》の違《ちが》いが生み出す結果なのです。
久門《ひさかど》さんの境地と智慧は、この20年で大きく深化しました。
それは、久門さんの会社観、社長観、社員観、利益観、顧客《こきゃく》観の変化に如実《にょじつ》に表れています（次ページを参照）。

会社観は、「会社は自分のもの」「竈《かまど》の灰までお前（久門さん）のもの」から、「会社は皆のもの。社員が成長する道場」へと変化し、自分以外の存在の大切さに目が開かれてゆきました。

社長観の変化も大きいものです。かつての社長のイメージは「王様」、「俺《おれ》の言うことを聞け」だったのが、社員を支え、導くリーダーに変わりました。

社員観の変化も劇的です。かつて社員は利益を上げる人で、できる人・稼《かせ》いでくれる人が良い人、そうでなければダメな人でしたが、今は共に働く仲間になりました。

利益観の変化も明瞭《めいりょう》です。かつては、利益は儲《もう》けのことで、やみくもに「もっともっ

かつて		今
会社は自分のもの 「竈《かまど》の灰までお前のもの」	会社観	会社は皆のもの 社員が成長する道場
社長は王様 「俺の言うことを聞け」	社長観	社員を支えるリーダー 社員に誇りに思ってもらえる社長をめざす
利益を上げる人 できる人・稼いでくれる人が良い人	社員観	共に輝く仲間 できない人が変わって輝くのが喜び
儲け やみくもに「もっともっと」	利益観	社員のエネルギーのバロメータ 社員が輝くための資源
お客様が上で僕らが下 ストレスを運んでくる人	顧客観	一緒に成長させていただくパートナー 我々を使って成長していただきたい

と」と何にも優先される目的だったのに、今は、利益は社員のエネルギーのバロメータであり、社員が輝《かがや》くための資源と捉《とら》えています。

顧客観も、かつては、杓子定規《しゃくしじょうぎ》に「お客様が上で僕《ぼく》らが下」と考えていたため、お客様はストレスを運んでくる存在になりかねない状態でしたが、今は、一緒《いっしょ》に成長させていただくパートナーになりました。

これらの変化を起こしたものは何でしょうか。

それは言うまでもなく、久門さんが、3つの「ち」の影響《えいきょう》と生まれ育ちの中でつくってきたインビジブルシェルを解除して生み出した、新たな境地と智慧です。

それだけではありません。様々な実績がこの歩みを証《あか》しています。

2023年のグループ会社を含《ふく》めた売上は、過去最高の251億円。経常利益は11億円を超えています。

また、2016年には、大阪管工機材商業協同組合の理事長に就任《しゅうにん》。候補となった3名の副理事長の中で、久門さんは1番の新米《しんまい》でしたが、前理事長から「どうしても久門氏に」という推薦《すいせん》がありました。

経済産業省の「はばたく中小企業・小規模事業社300社」にも選定され、さらには近畿経済産業局のグローバルトップセミナーで講演し、四天王寺大学でこれから社会人になる学生への講演なども行っています。

そして、2023年には、経済産業省製造産業局長賞を受賞しています。

どの人生もデフォルトモード解除を待っている

久門《ひさかど》さんは、「長男・末っ子・社長の息子」という人生の条件によって、「根拠《こんきょ》なき自信と安心」をインビジブルシェルの中心に抱《かか》え、それに大きく左右される人生を歩んできました。

やがて実家の会社の名古屋支店長に迎《むか》えられますが、インビジブルシェルの呪縛《じゅばく》によって行き詰《づ》まり、どうにもならない現実の前になす術《すべ》なく立ち往生《おうじょう》してしまいます。

「魂の学」を学ぶ先輩《せんぱい》からの「倉庫番をやってみては」という助言に意を決して向かったとき、久門さんは、その後の未来を明確に抱《いだ》いてはいなかったでしょう。

しかし、意識せずとも、それは確実に久門さんが選んだインビジブルシェル解除の一歩だったのです。

そして、その一歩は、久門さんの会社観、社長観、社員観、利益観、顧客《こきゃく》観の転換《てんかん》につながり、さらにその根底にある人間観、世界観をも変貌《へんぼう》させました。

もし、その一歩がなかったら、その後の転換は現実にはならなかったでしょう。一生、自らのデフォルトモードを解除できず、インビジブルシェルに覆《おお》われた心のまま、「根拠なき自信と安心」に支配されていたかもしれません。

人生とは不思議《ふしぎ》なものです。

誰《だれ》にも例外なくもたらされる人生のデフォルトモード。

そのデフォルトモードに対する生き方が、人生を大きく左右するのです。

1人の人間がデフォルトモードのまま生きてゆくことの損失は、どれほどのものでしょうか。

逆に、1人の人間がデフォルトモードを解除し、「もう1人の自分」を育ててゆくことの利得は、どれほどのものでしょうか。

それは、私たちが人生の中で直面する様々な難局＝鍵《かぎ》のかかった扉《とびら》の暗号を解いて、自らが扉を開く鍵になりきる可能性を最大限に増大させるものです。

私たちは、新しい自分の誕生にこそ、人生の大いなる希望を抱くことができるのです。

第4章 「賢《けん》者《じゃ》」と「破《は》壊《かい》者《しゃ》」

「もう1人の自分」とは「魂」の存在。
それは、「賢者《けんじゃ》」のように人々を導く。
しかし、それだけではない。
「魂」には「破壊者《はかいしゃ》」という側面もあるのだ。
奇跡《きせき》のような光を導く力と
奈落《ならく》の闇《やみ》の力が同居している。
求めるべきは、破壊者を調御《ちょうぎょ》して
いかに賢者の力を引き出すかということである。

光と闇《やみ》の世界──カオスの次元

人生のことを考えるときも、現実に何かを成し遂《と》げようとするときも、私たちが必ず覚えておかなければならない見方があります。

それは、ものごとには、光と闇、長所と短所、可能性と制約という両面性があるということです。

「そんなことは当然ではないか」

そう思われるかもしれません。

でも、私たちは往々《おうおう》にして、ものごとの一面だけを強調し、知らず知らずのうちに決めつけてしまっているのではないでしょうか。

「今回のプロジェクトはうまくいかないだろう」

「この銘柄《めいがら》を買えば、絶対に値上がりするはずだ」

「これは大丈夫《だいじょうぶ》」

「これはダメ」

そう断定して、その現実を放置してしまうことも少なくありません。

しかし、その態度は、私たちによい結果をもたらすとは言えないのです。

なぜなら、「大丈夫」と断定しても暗転はいつでも起こり得るものであり、「もうダメ」と投げ出すことは、残された可能性を自ら捨てていることに等しいからです。

私たちは経験的に、その逆説的な真実を知っています。人が本当の成長を果たすのは、順境にあるとき以上に逆境のとき。病になって生きていることの恩寵《おんちょう》に目覚め、その後の人生を高い密度で生きる人は数多くいます。逆に、宝くじが当選して思わぬ大金を手にしたことで、人生に狂いが生じてしまう人は少なくありません。

何が幸運で何が不運なのか、何が光明《こうみょう》で何が暗闇《くらやみ》なのか、決して自明《じめい》のことではないということです。

その事実を如実《にょじつ》に示すのが、「カオスの法則」です。

すべての事態と現実は、私たちが関わるまでは形も輪郭《りんかく》もなく、結果も結論も出ていない混沌《こんとん》としている状態――。その状態を「カオス」と呼びます。

カオスの中には、必ず光と闇、可能性と制約の因子《いんし》が充満《じゅうまん》しています。

どれほど困難でダメな状態に見えても、そこにはまだ可能性が含《ふく》まれ、どんなに素晴らしく完璧《かんぺき》に見えても、そこには問題や暗転のきっかけが潜《ひそ》んでいるということです。

そして、そのカオスに私たちが触《ふ》れた瞬間《しゅんかん》、カオスは光か闇いずれかの現実に結晶化《けっしょうか》

カオス→ 心 → 光・闇の現実

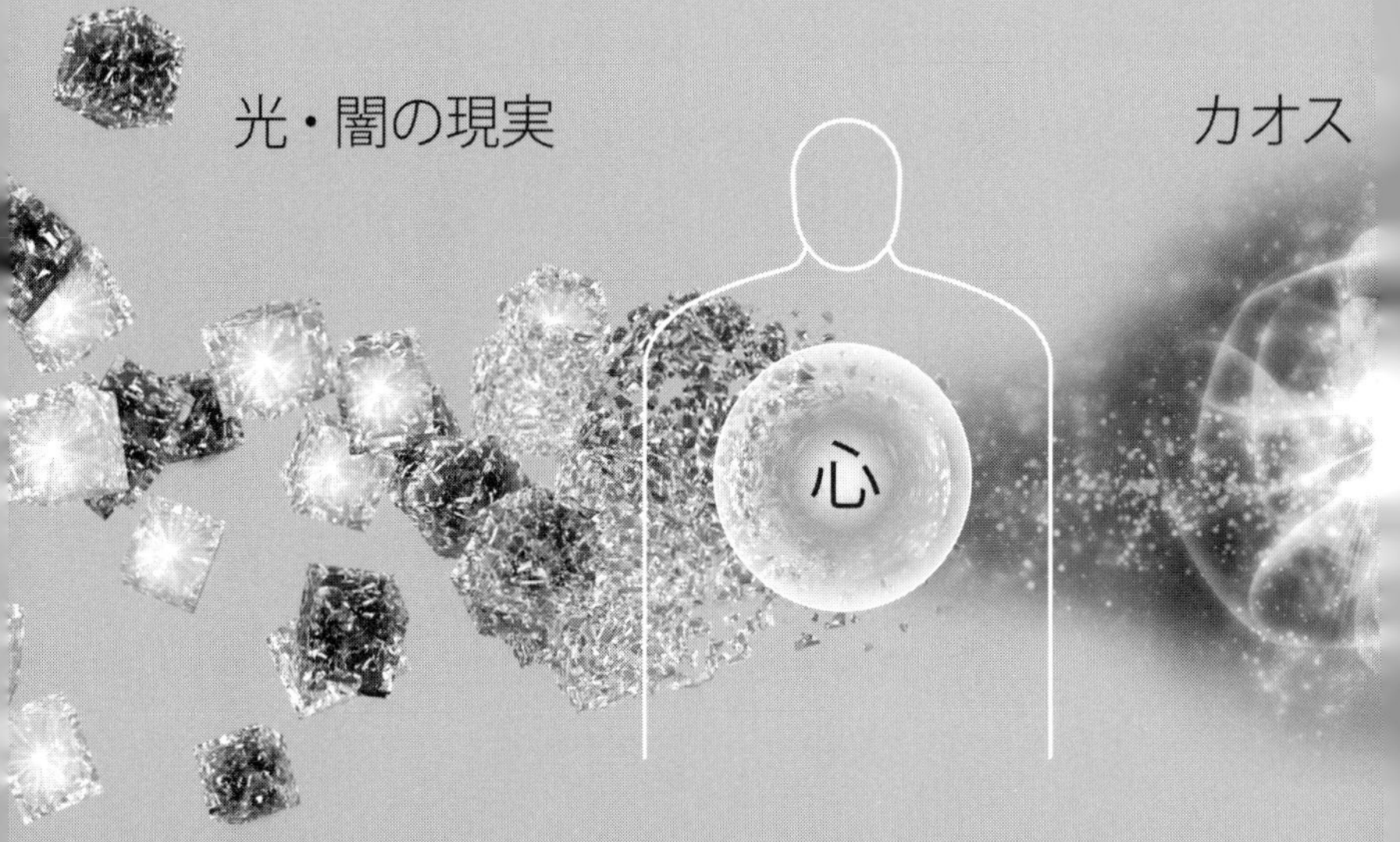

図 8

することになります（図8）。

カオスの法則については、これまでの著書でも幾度《いくど》か触れてきました。詳《くわ》しくは『最高の人生のつくり方』（三宝出版）をご覧いただければと思います。

「魂」の次元——意識の階層が示す叡智《えいち》の場所

ものごとには、常に光と闇《やみ》、可能性と制約の両面がある——。

それは、「もう1人の自分」をもたらす「魂」についても言えることです。

本書では、「もう1人の自分」とは「魂」の存在であることを明かし、その可能性と力を確かめてきました。

インビジブルシェルによって失われた心と魂のつながりを取り戻《もど》すとき、私たちの中から新たな自分が現れます。

経験したことのない試練にも立ち向かい、多くの人の協力を得て、道を切り開いてしまう。

これまで何かあると動転し、失敗を繰《く》り返してきた人が、困難な事態を動じることなく受けとめ、解決の道を探してゆく。

あるいは、不遇《ふぐう》な生《お》い立ちから親を恨《うら》み、人や世界を信じられなくなっていた人が、心の束縛《そくばく》を解除することで、まるで別人のように、人や世界に対する信頼《しんらい》を取り戻し、恨んでいた親とさえ関わりを結び直してしまう——。

魂には、なぜそんなことが可能なのでしょうか。

それは、第2章でも触《ふ》れたように、その内に蓄《たくわ》えられた智慧《ちえ》と力があるからです。人間が抱《いだ》いている本当の可能性は、多くの人が考えている以上のものです。

それは、努力したから身につくというレベルではありません。才能があるかないかは人々の関心事ですが、ある意味で、誰《だれ》もが例外なく、1回の人生では獲得《かくとく》できないような智慧と力を抱いているのです。

魂の叡智が個々のレベルにとどまらないことは、意識の構造が教えてくれます。先にも触れたように、「魂の学」では、人間の内界は、普段《ふだん》ものを考えたり、話したりしている表面意識と、その奥にある潜在《せんざい》意識から成り立っていると考えます。

潜在意識には、忘れ去られた経験の記憶や押し込《こ》められた感情、埋《う》もれた知識、その奥に刻まれた過去世《かこぜ》の記憶などがあります。

この潜在意識は、広い意味では、ユングの集合的無意識やトランスパーソナル心理学の超越的《ちょうえつてき》意識を含《ふく》むもので、見えないつながりの次元であり、個人の体験を超える叡智につながっています。

そして、まさにこの潜在意識の深層《しんそう》が魂の次元であるということです。

「魂」の内に蓄えられた叡智を引き出すことによって、私たちは、これまで実現できなかった現実を生み出すことができるのです。

しかし、「魂」の次元にも、光と闇があることをお伝えしておかなければなりません。「魂」の次元を開くことは、その光と闇の双方《そうほう》に触れることになるからです。

「魂願《こんがん》」と「カルマ」——光と闇《やみ》

魂の光の側面を表すものを「魂願」と呼びます。

「魂願」とは、文字通り、魂の願い。幾度《いくど》もの人生をかけて、どうしても果たしたい「願い」のことです。それは、魂の存在理由であり、それが果たせないなら、魂がなくなっても仕方《しかた》がないほどのものです。

「どんなに大変でも、それをせずにはいられない」という歓《よろこ》びをもって生きているとき、何度失敗しても心惹《ひ》かれて挑戦《ちょうせん》し続けるとき、あるいは、心のドアをノックするように、何度も同じ応《こた》えるべきはたらきが自分の前にやってくるとき、そこに「魂願」のかけらを見出《みいだ》すことができます。

一方、魂の闇の側面を表すものは「カルマ」です。

もともと「カルマ」は、善悪にかかわらず、結果をもたらす行為《こうい》をさす言葉ですが、「魂の学」では、繰《く》り返し暗転の現実を引き起こしてしまう内なる力と性質のことをさします。

悪いとわかっているのにやめられない。問題が起こることは明らかなのに、その危険に近づいてしまう。何度も同じ失敗を繰り返してしまう。そのようなとき、そこには「カルマ」が関わっていると捉《とら》えるのです。

エネルギーが持続する時間

魂願《こんがん》もカルマも、長い転生《てんしょう》の歩みの中でつくられてきたものです。

したがって、それらは、魂の中に強固な基盤《きばん》をもって根づいています。

心の中に浮かぶ願望や怒り、不安は、外からの刺激《しげき》に対応するように刻々と移り変わります。しかし、魂願とカルマは、長い間、変わることなく一貫《いっかん》して続いてゆくのです。

魂願は一生変わることがなく、カルマの克服《こくふく》は一生をかけての挑戦《ちょうせん》となるのです。

ここで、光と闇《やみ》の心がそれぞれどのくらい長く続いてゆくか、いくつかの言葉を通して見てゆきたいと思います。

たとえば、**「喜」「歓」「慶」**という3つの漢字は、いずれも「よろこび」と読みます。

それは、楽しさやうれしさといった、前向きな正のエネルギーを表すものです。

では、皆さんにお尋《たず》ねしたいと思います。

それぞれの漢字が示すよろこびのエネルギーは、どの程度続いてゆくと思われますか。

GLAの研鑽《けんさん》の場の1つに、全国・海外をつないで、1万3000人が参加し、毎週1回継続的《けいぞくてき》に行われている「GGP《ジージーピー》（Global《グローバル》 GENESIS《ジェネシス》 Project《プロジェクト》）研鑽」があります。

そこでは、私の講義や会員の実践《じっせん》報告の紹介にとどまらず、参加される方々は、インタラクティブ（双方向《そうほうこう》）な取り組みを通して、「魂の学」の理解を深めてゆきます。

たとえば、参加者1人ひとりが携帯《けいたい》電話からアンケートの結果を入力し、その場で直ちに集計・フィードバックして、結果を確かめながら講義を進めてゆくことも少なくありません。

2023年5月の講義では、会員の皆さんに、この3つの漢字が示すよろこびのエネ

「喜」「歓」「慶」と「怒」「憎」「怨」

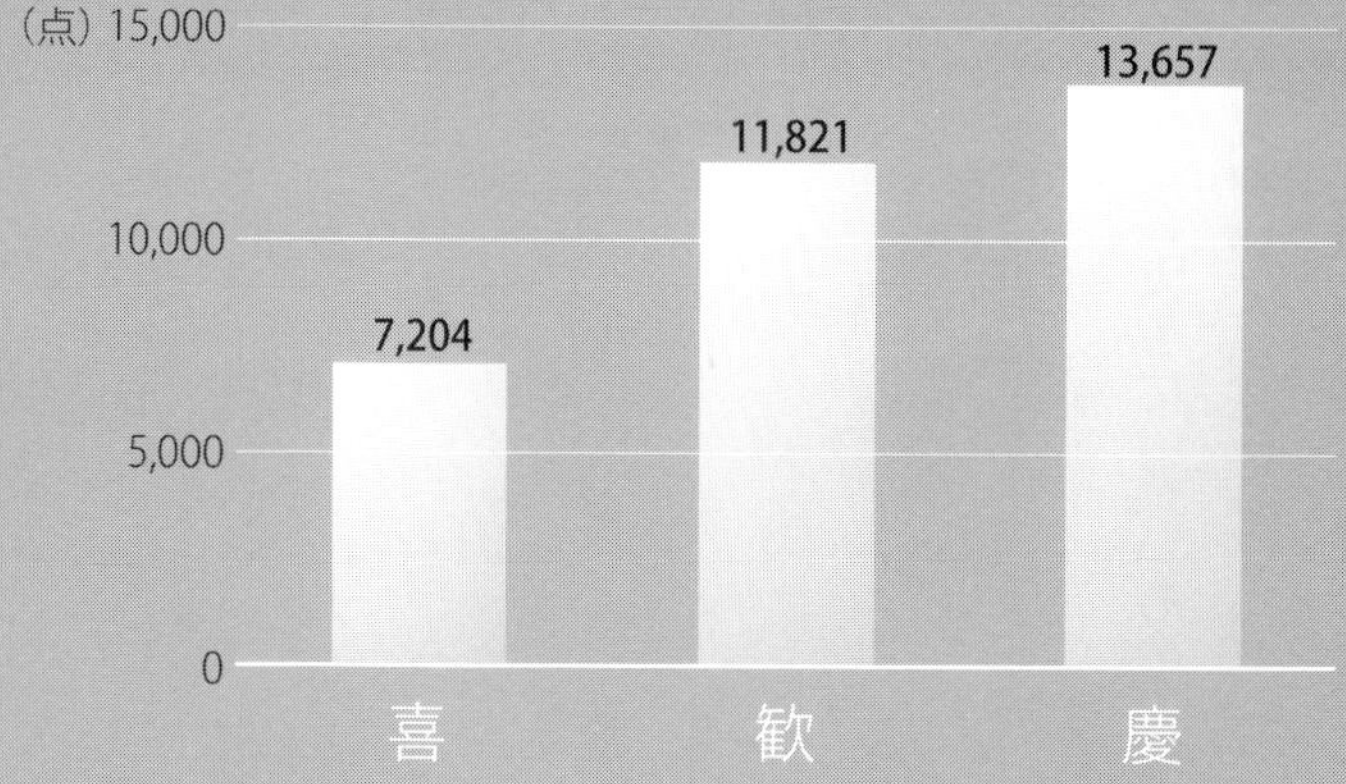
（点）
15,000
10,000
5,000
0
7,204
11,821
13,657
喜
歓
慶

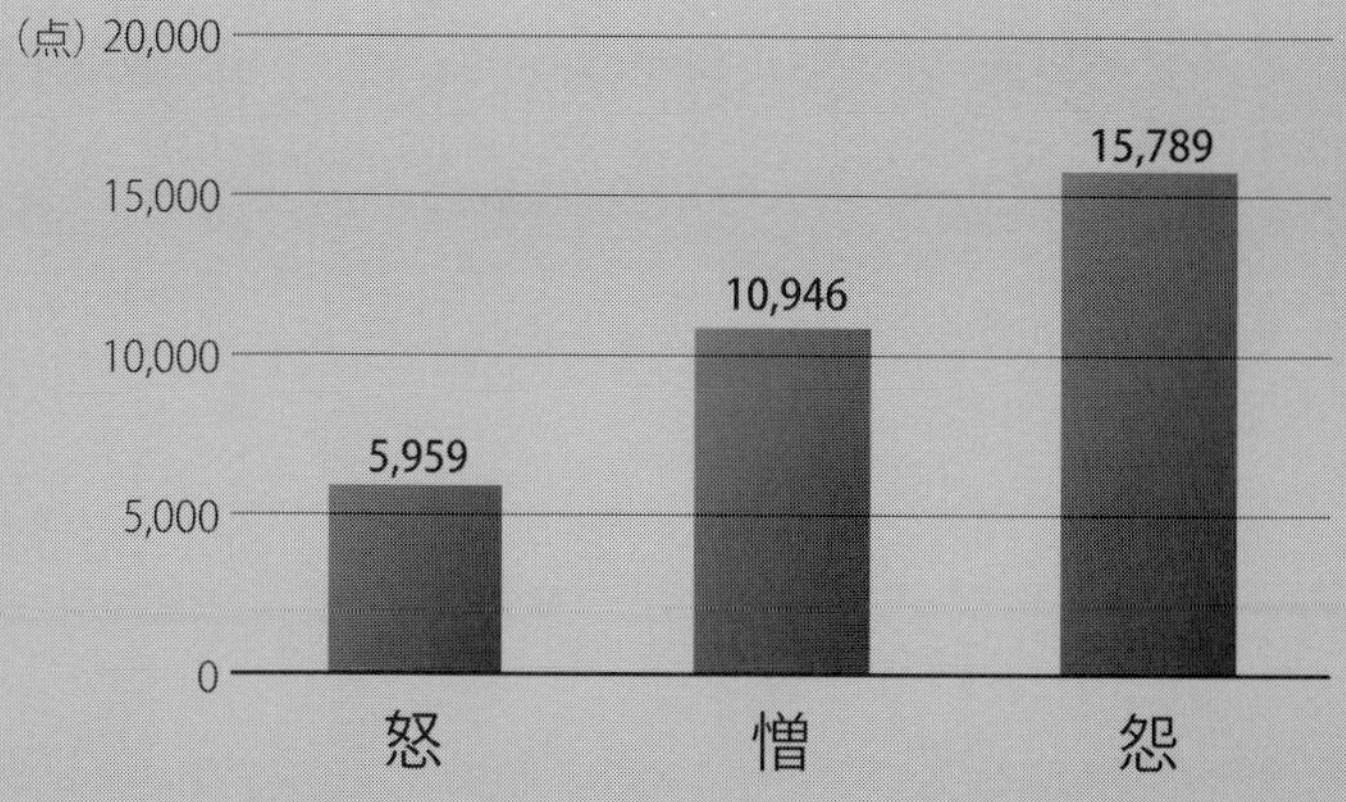
（点）
20,000
15,000
10,000
5,000
0
5,959
10,946
15,789
怒
憎
怨

ルギーがどの程度続いてゆくと感じるかというアンケートを実施《じっし》しました。もっとも強く、長く続くエネルギーをもっていると思う漢字に3点、次を2点、もっとも弱く、持続しないものに1点をつけて、携帯電話から投票いただきました。同じく、**「怒」「憎」「怨」**という3つの漢字についても、同様のアンケートを実施しました。こちらは、他人に対して向けられる負《ふ》の感情です。

その結果を示したのが、前ページです。

光のエネルギーを示す3文字——喜、歓、慶。

闇のエネルギーを示す3文字——怒、憎、怨。

それぞれは、同じような感情、方向性をもった心であっても、そのエネルギーが続いてゆく長さは、大きく異なっていることがわかります。

同じような心を表す漢字がいくつもあること自体、それに対応する様々な心のエネルギーの強さの状態があることを示唆《しさ》しています。

私たちの内界には、このように、長いもの、短いもの、異なる持続可能性をもった「想念のエネルギー」が渦巻《うずま》いているのです。

その中でも、もっとも長く続き、一生を通して貫《つらぬ》かれるもの——。

それが、魂願であり、カルマなのです。

「賢者《けんじゃ》」と「破壊者《はかいしゃ》」

同じ「魂」の力であっても、魂願《こんがん》とカルマのように、まったく異なる性質と力がはたらいている――。あたかも別の人格が魂の中にいて、私たちをまったく違《ちが》った現実へと導いてしまうのです。

その異なる性質を**「賢者」**と**「破壊者」**と呼びたいと思います。

「魂」は2つの人格、二面性を元から抱《いだ》いているということなのです。

「賢者」は、光の側面を表しています。私たちを助力者のところに運び、求めていた道を開くことを手伝ってくれます。そして、大いなる存在と私たちをつなぎ、人生の目的に導いてくれるのです。まさに、天と地がつながり、天の力を借りられる状態です。

そして、もう一方の「破壊者」は、闇《やみ》の側面を象徴《しょうちょう》するものです。

「破壊者」は、「賢者」とは真逆のはたらきを示します。私たちと助力者のつながりを断ち、求めていた道を閉ざしてしまいます。そして、私たちから人生の目的を遠ざけ、大いなる存在を疎遠《そえん》にし、ときにはその絆《きずな》を引き裂《さ》いてしまうのです。

「破壊者」の端的《たんてき》な現れの1つは、煩悩《ぼんのう》のエネルギーでしょう。怒り、誇り、妬《そし》み、恨《ねた》み、僻《うら》み、傲慢《ひが》、欺瞞《ごうまん》、疑念、愚痴《ぎまん》、怠惰《ぐち》……。人間の煩悩として知られるこうした心のエネルギーを、いろいろな理由にかこつけて正当化して増幅《ぞうふく》するのが「破壊者」です。

私たちが、自らの中に「もう1人の自分」を生み出したいと願うならば、「破壊者」の側面を抑《おさ》え、「賢者」を引き出さなければなりません。これは、何にも増して重要なことです。

私たちが出会うべき「もう1人の自分」は、魂の「賢者」なのです。しかし、「破壊者」は、あたかもあなたの友人のような顔をして、忍《しの》び寄ってきます。

では、どうすれば、「賢者」を引き出し、「破壊者」を鎮《しず》めることができるのでしょうか。

心に生じる負のエネルギーを実に巧《たく》みに正当化するのが、「破壊者」です。それだけに、内界を見つめる力、そしてそこに生まれているエネルギーの光と闇を弁別《べんべつ》する力を身につけることは必須《ひっす》の歩みですが、それだけではありません。

鍵《かぎ》を握《にぎ》るのは「心」

「魂」の次元は、言葉で表せないほどの可能性を抱《いだ》いていて、無尽蔵《むじんぞう》とも言えるエネルギーを擁《よう》しています。それが光に傾《かたむ》くにせよ、闇《やみ》に傾くにせよ、想像を絶する力が湛《たた》えられているのです。

それだけ巨大なエネルギーを抱いている領域ですが、私たちは直接、「魂」をコントロールすることはできません。

私たちが触《ふ》れることができるのは、「心」の次元だけです。「心」を通じて「魂」にはたらきかけることになるのです。

「心」は、「魂」という**エネルギータンクのバルブ**になります。

たとえば、「心」が「自信家」の傾向《けいこう》（120ページ参照）を抱《かか》えると、大きな気持ちになり、バルブを全開してエネルギーを制限なく放出します。

逆に、それと対照的な「卑下者《ひげしゃ》」の傾きを抱える心は、後ろ向きになり、バルブを閉めてエネルギーが不足がちになります。

「被害者《ひがいしゃ》」の心は、エネルギーは全開しますが、攻撃的《こうげきてき》な出方になります。

「幸福者《こうふくもの》」の心は、融和的《ゆうわてき》ですが、弛緩《しかん》し、エネルギーは出にくくなります。

心は、魂のエネルギータンクのバルブであると同時に、その**エネルギーを集めて1つの方向に集中させる磁石**としてはたらいています。心が1つのことに焦点《しょうてん》をもつと、そこに魂のエネルギーが集まることになります。

さらに心は、**エネルギーを色づけるフィルター**としても機能しています。心を通過したエネルギーは、その心の状態をそのまま反映した性質をもつようになります。

「魂」の次元のチャンネルが最初に開かれるときは、多くの場合、調和された「心」のはたらきによってです。

調和された「心」は、「魂」の光のエネルギー、「魂願《こんがん》」の流れを引き出すようにはたらきます。つまり、「賢者《けんじゃ》」を引き出そうとするのです。

一方、私たちの「心」が調和を失い、暗転の傾きを現すとき、「カルマ」の流れを引き込《こ》んでしまいます。「破壊者《はかいしゃ》」を引き出してしまうのです。

普段《ふだん》、私たちが意識できる「心」が、実は人間の隠《かく》れた力を左右し、それを導くこともできるということなのです。

それには、事態の陰影《いんえい》を本当の意味で捉《とら》える心の成長と進化が不可欠であることも、ここで記しておきたいことです。それを開拓《かいたく》する可能性は誰《だれ》にもあるのです。

北海道拓殖《たくしょく》銀行へ——前途洋々《ぜんとようよう》のエリートコース

現在、衛生用品の製造販売会社に勤める和田玄《わだげん》さんの人生の足跡《そくせき》には、まさに本章で取りあげた「賢者《けんじゃ》」と「破壊者《はかいしゃ》」の姿が刻まれています。

和田さんのキャリアは、北海道拓殖《たくしょく》銀行から始まりました。

大学時代の和田さんは、前途洋々とした未来を思い描《えが》いていました。指導教官の教授に見込《こ》まれ、大学4年の夏休みには教授の渡米に同行し、UCLA《ユーシーエルエー》（カルフォルニア大学）やMIT《エムアイティー》（マサチューセッツ工科大学）など、アメリカの大学を一緒《いっしょ》に回ることになったのです。

渡米中、すでに内定をもらっていた銀行の役員面接の日程が重なり、事情を説明して、ニューヨーク支店で面談を受けることになりました。

場所は、ニューヨーク・マンハッタンにあるワールドトレードセンターの83階。あの9・11のテロによって消失してしまった高層ビルの一画でした。

「俺《おれ》は、世界の中心で会社を仕切る人間になる」

和田さんはそう疑いませんでした。

1991年に銀行に入行すると、外国為替《かわせ》の部門に配属。いわばエリートコースで、同期の仲間たちからも羨望《せんぼう》のまなざしを受けました。

和田さんが自らのインビジブルシェルの中につくりあげてきたのは、「自信家」（120ページ参照）の回路。自己肯定感《こうていかん》が強く、後先を考えず、現実の中にすぐに「成功のサイン」を見て、猪突猛進《ちょとつもうしん》でものごとを進めがちでした。

思わぬ試練にも揺《ゆ》るがぬ自信

この世界は天国ではありません。和田さんにも、思いがけない試練が降りかかることになります。

外国為替《かわせ》部門にいた頃《ころ》のこと。当時の通産省（現・経産省）から、銀行が行っていたある取引が取り決め違反《いはん》ではないかと指摘《してき》されたのです。

和田さんたちにとっては、事実無根《むこん》の話でしたが、噂《うわさ》が社内に広まり、それを収拾するために何らかの措置《そち》が必要ということになりました。

その案件の書類の印鑑《いんかん》を押しているのは誰《だれ》かということになり、結局、責任者として印鑑を押していた和田さんの責任が問われることになったのです。

上司は「事情は理解している」と言いましたが、ほとぼりが冷《さ》めるまで、しばらく地方の支店に飛ばされることになったのです。

和田さんは、納得《なっとく》できませんでした。

「地方銀行の外回りなんか、格好悪《かっこうわる》くてやってられるか」

赴任先の支店長からも当初、「お前が来たこと自体がマイナスなんだよ」と言われました。

しかし、和田さんは持ち前の頑張《がんば》りで、次々と営業マンとしての成果を上げてゆきます。

最終的には、全国3000名の外回り営業マンの中で、トップ10に入る実績を残したのです。

「俺《おれ》は外国為替だけではない。外回りだって何だってできるんだ」

まさに怖《こわ》いものなし。周囲の人への関わりも、次第《しだい》に尊大《そんだい》になってゆきました。和田さんがインビジブルシェルの中につくりあげた「自信家」の回路は、どんどん肥大《ひだい》していったのです。

和田さんにとって、この事態は、降りかかった理不尽《りふじん》な火の粉《こ》。自分は何も間違《まちが》ってはいない。悪いのはすべて相手であり、銀行だ。自分はそれに屈《くっ》しなかった。それだけの力が自分にはある。自分のやり方でやり抜《ぬ》けば、できないことはない。

和田さんは、十分遅《おく》れを取り戻《もど》すことができると信じて疑いませんでした。

衛生用品のメーカーへ

ところが、その後、バブル崩壊《ほうかい》の影響《えいきょう》を受けて、北海道拓殖《たくしょく》銀行が破綻《はたん》。他行に吸収合併《がっぺい》されることになりました。

和田さんは考えました。

「このまま、合併先で出世もできないなんて、まっぴらごめん。よし、金融《きんゆう》の世界はもう見切った。次はメーカーだ」

試練の中でも、和田さんの自信はびくともしなかったのです。

そして、1998年、30歳のとき、関西に本社のある衛生用品のメーカーに転職。新たなキャリアを始めました。

転職後は、銀行で培《つちか》った手腕《しゅわん》を生かして、次々と売上に貢献《こうけん》してゆきました。

33歳で埼玉営業所の所長。37歳で営業本部長。40歳でマーケティング部長。そして、2011年、43歳で生産開発本部副本部長と開発部長を兼任《けんにん》し、飛ぶ鳥を落とす勢いで出世の階段を上り、まさにエリートコースまっしぐらだったのです。

この頃《ころ》の和田さんは、イケイケドンドンという言葉そのままに仕事に邁進《まいしん》し、望む成果を次々に手にしていたと言っても過言ではないでしょう。

経営陣《じん》からの信頼も厚く、裁量権《さいりょうけん》も十分に与《あた》えられ、怖《こわ》いものなし、やりたい放題の時代だったのです。

和田さんの「自信家」の心の回路は、絶好調で回り続けていたということです。

経営陣《じん》交代——後ろ盾《だて》を失って

しかし、その和田さんに大きな転換点が訪れます。

2015年、47歳のときでした。現在の会社に移って約17年、盤石《ばんじゃく》な立場を築き、確かな権限をもって仕事をしている最中、株主総会で、当時の経営陣が総退陣に追い込《こ》まれる事態が起こったのです。

会長、社長から役員まで、会社の体制が根こそぎ変わることになりました。

和田さんは、突然退陣した旧経営陣に評価され、可愛がられた1人でした。状況《じょうきょう》が激《げき》変《へん》する中で、いうならば、旧経営陣側だった1人として、孤立《こりつ》を深めてゆくことになったのです。

それは、まるでどこかのドラマのような展開でした。旧体制を一掃《いっそう》するという意味もあったのでしょう。和田さんが提案する案件は否定され、叱責《しっせき》され続けました。

「お前はもうやめろ」「休職しろ」「辞表を出せ」

周囲からは厳しい言葉を浴びせられ、一方的に責め立てられる。そんな状況が数時間に及ぶこともありました。

「何をやっても四面楚歌《しめんそか》。否定されるばかり。もうどうにもならない」

和田さんは、地元を離れて単身赴任《たんしんふにん》していた身です。憔悴《しょうすい》した姿を見た奥様からは、「もう帰ってきていいよ」と言われるようになりました。

奈落《ならく》の底から「魂の学」との出会いへ

和田さんは、精神的にも肉体的にも追い込《こ》まれ、心身の変調を感じるようになります。いつも頭がボーッとして、何も考えられない。心の中にため込んでいたつぶやきが、突然《とつぜん》、爆発《ばくはつ》しそうになる。会社で爆発させることはできないので、近くの公園に行き、

1人でぶちまける——。

そんなことがあるかと思うと、急に気持ちが落ち込んで何も手につかなくなる。夜も眠れなくなり、朝、会社の前に来ると足が進まなくなって、会社に入れない。

「もしかしたら、自分はうつかもしれない……」

そう思わざるを得ないほど、和田さんは追い込まれてゆきました。

そんな試練のどん底で、和田さんは、「魂の学」と出会うことになります。

藁をもつかむ想いで、「これを学んでみよう」と決心したのです。

プロジェクト体験が変貌させた

和田さんがGLAで参加したのが、プロジェクト活動です。

プロジェクト活動とは、先述のGGPで研鑽と奉仕を一如＝1つのものとして行う活動で、学んだことを現実の中で実践することを目的としています。

人間と世界について、「魂の学」をベースに研鑽しながら、同時に、主に集いの場やセミナーの運営のはたらきなどをグループで担うボランティアを通じて、自分の内側に隠れていた願いを確かめ、心と現実のつながりを点検し、その歪みを修正する実践を積

み重ねるのです。

和田さんが最初に取り組んだのは、場内誘導《ゆうどう》のプロジェクトでした。集いやセミナー、講演会などで、会場を訪れた参加者の方々をチームで所定の席まで誘導するはたらきです。いわゆる精神修養と実践を重ねてゆくプログラムです。

和田さんは、こうしたはたらきに、これまで様々に体験してきたことや、会社でのやり方を自然に持ち込《こ》もうとしました。

「こういうことなら、私にお任《まか》せください」

そんな気持ちでした。自分の計画通りに周りの人たちが動いてくれることがよいプロジェクト。そう思っていたのです。

ところが、一緒《いっしょ》に取り組む仲間たちの反応は違《ちが》っていました。

「玄《げん》さん、それじゃダメよ」

そういう指摘《してき》が何度も続いたのです。

「何でだろう？」

最初、和田さんは、なぜ自分のやり方がダメなのか、わかりませんでした。

しかし、皆と一緒に取り組む中で、和田さんは、プロジェクトが教える新しい心の使い方、はたらかせ方を学んでいったのです。

まず、一方的に自分の計画を伝えるのではなく、皆さんと一緒につくりあげてゆくと、ずっと素晴らしい計画が生まれることがわかってきました。

そして、それ以上に、皆の気持ちが1つになったとき、メンバー1人ひとりに、自分が思い描《えが》いていた以上の動きがどんどん生まれてきたのです。

違《ちが》いを抱《いだ》いた1人ひとりが、互《たが》いの違いを受けとめながら、引き出し合い、補い合って、オーケストラのように全体で1つの響《ひび》きを奏《かな》でることができるということです。

「魂の学」では、そのような状態を、響き合い、はたらき合うという意味で、**「響働《きょうどう》」**と呼んでいます。

チームの1人ひとりが、このプロジェクトに向かう願いを抱き、その願いを共鳴《きょうめい》させる想いと行動によって、互いを引き上げ、補い合ってゆく——。

それとともに、人と人の心が本当の意味でつながり、願いを基《もとい》に響き合うということがどれほど素晴らしいことなのかを実感してゆきました。

和田さんは、プロジェクトで、仲間との気持ちの交流によって、傷つき疲弊《ひへい》していた心の空洞《くうどう》を癒《い》やすことへと導かれていったのです。

なぜ孤立《こりつ》を導いたのか——古い心の発見

こうした貴重なプロジェクト体験を鏡として、和田さんは、これまでの自分の心のありようが見えてくるようになりました。

会社の体制が変わったとき、和田さんがショックだったのは、出世のハシゴが外《はず》されたことだけではありません。実は、そのとき、和田さんについてこようとする人が誰《だれ》もいなかったのです。それは、出世のハシゴを失う以上につらいことでした。和田さんは、大変な孤独感を噛《か》みしめたのです。

そして、なぜそんなことになってしまったのか、その原因が見えてきたのです。

それは、プロジェクトを始めたときと同じでした。

「自分が1番わかっている」

自分が描《えが》いた設計図に従って、ものごとを強引《ごういん》に推《お》し進める。そして、「ほら、自分が言った通りになっただろう」。

自分の思い通りに動かない人がいると、「あの人、わかっていない」。

響働《きょうどう》とはまったく違《ちが》うことをしていた和田さんでした。

いかがでしょう。読者の皆さんは、もうおわかりかと思います。

この和田さんの心のはたらきは、「自信家」の回路そのものです。

それが相手の反発を招き、孤立の現実を導いていたのです。

破壊者《はかいしゃ》の相貌《そうぼう》――人生を壊《こわ》すカルマの影《かげ》

仕事が絶頂期を迎《むか》えていた頃《ころ》の和田さんは、やることなすことすべてがうまくゆき、全能感すら覚えていたかもしれません。

「よし！　これでいい。私の言う通りやればうまくゆく。それでいいんだ」

「余計なことしないで、ただ私に従ってくれればよい。私が1番わかっているんだから、黙《だま》って従えばいいんだ」

そして、何か問題が起これば、それは「自分以外のもののせい」です。

「何やってるんだ、私の言う通りしないからダメなんだ」

まさに「自信家」の心全開で周囲の人たちに接していたでしょう。

では、そんな和田さんに触《ふ》れていた人たちはどうだったのでしょう。

表向きは従っていても、和田さんのやり方にはついてゆけない気持ちだったのではないでしょうか。

「やりたい放題だな」「何でそんなこと、言われなくちゃいけないのか」「そこまで言うなら、あんたが1人でやればいいんだ」

だからこそ、経営陣《じん》が交代したとき、同僚《どうりょう》も部下も、誰《だれ》1人和田さんについてゆかなかったのではないでしょうか。

つまり、表面上は思い通りに進んでいるように見えて、実は、信頼《しんらい》によって結ばれる関係を壊していたのです。そうした心と現実を重ねれば重ねるほど、修復不能な現実を生み出していたということです。

それが、和田さんが引き出してしまった「破壊者」の相貌です。

考えてみてください。「自信家」の回路は、そうした反発や離反《りはん》を繰《く》り返し生み出してしまうものです。

カルマは、単なる心の弱点ではありません。放置すれば、それは一生の間、積み重ねられ、増幅《ぞうふく》してゆきます。

内なる「破壊者」は、人生全体を支配してしまうのです。

しかも**カルマは、他人から見れば明らかでも、自分では気づくことができないことが特徴《とくちょう》の1つです。**

カルマを浄化《じょうか》するための第一歩は、その姿を見破ることにあります。

和田さんは、プロジェクトで共に活動する仲間との関わりの中で、自らの内なる「破壊者」の存在に気づいてゆきました。それは、和田さんが、カルマを脱却《だっきゃく》してゆく道を歩み始めたことを意味しているのです。

自分を守るのではなく周囲の人たちを守ろう

かつての古いやり方を振《ふ》り返り、カルマの存在に気づき始めた和田さんに、大きな転機が訪れていました。

実は、その頃《ころ》、社長をはじめとする会社の執行部《しっこうぶ》との関わり、部下を含《ふく》めた周囲の人たちとの関わりすべてにおいて、行き詰《づ》まりを迎《むか》えていたのです。

そして、「もう自分には、この会社での居場所はない。辞《や》めさせられても仕方《しかた》がない」。そう思うようになっていました。

そんなとき、GGP《ジージーピー》の研鑽《けんさん》の中で、ある先輩《せんぱい》の実践《じっせん》報告に触《ふ》れたのです。

その中で、その実践の1つの要《かなめ》となった「守ろうとするから守れない」という、私がその方に伝えた言葉が和田さんの心に響《ひび》き、胸に突《つ》き刺《さ》さりました。

「自分を守ろうとしても、この状況《じょうきょう》を打開することはできない。ならば、自分を守るのではなく、周りの人たちを守ることを1番大切にしてゆこう」

なぜ、そう思えたのでしょうか。

それは、和田さんが、GLAのプロジェクト活動で、仲間と心から交流して響き合い、はたらき合う現実を生み出したように、会社においても「響働《きょうどう》」を果たしたいと思ったからです。

賢者《けんじゃ》の生き方——新しい心と現実の創造

和田さんは、オーケストラのように、1人ひとり個性が輝《かがや》きながら全体で1つのはたらきを生み出すことに、これからの仕事の進め方の解答を見出《みいだ》しました。

それは、和田さんの深くにある本心——魂とつながる想いだったのです。

そして、その本心が、和田さんの現実と未来を大きく変えてゆくことになります。

和田さんは、周りの人たちの想いを根気よく聴き、寄り添《そ》い続けることを大切にしてゆきました。

すると、皆さんが様々なことを和田さんに相談しに来られるようになったのです。

「自分の言う通りにやればよい」と自分中心に仕事をしていた和田さんが、「自分を守ろうとするのではなく、周囲の人たちを守ることを1番大切にする」ようになったのは、真逆の生き方への転換《てんかん》と言っても過言《かごん》ではないでしょう。

それは、かつての和田さんが気づかずに「破壊者《はかいしゃ》」として振《ふ》る舞《ま》っていた頃《ころ》に比べれば、別人のようです。

様々な違《ちが》いを抱《いだ》いた人たちを受けとめ、1つにまとめあげる。まさに、深い智慧《ちえ》と包容力《ほうようりょく》を抱いた「賢者」の生き方としか言いようがありません。

会社での実践《じっせん》――SDGs《エスディージーズ》の取り組み

人間関係における和田さんの心と行動が変化し始めると、まるでそのことと呼応《こおう》するように、周りの状況《じょうきょう》も少しずつ変化し始めました。

今、SDGs（持続可能な開発目標）を掲《かか》げる会社が多くなっています。和田さんの会社も、そのための新たな取り組みを始めることになったのです。

2021年、SDGsに取り組むプロジェクトが発足し、和田さんはその責任者に任命されました。

和田さんは、最初、「よっしゃ！　来た！」と受けとめました。

これで一気に劣勢挽回《れっせいばんかい》。そんな気持ちがあったかもしれません。

4月下旬にその話があり、5月の連休で一気に企画書をまとめあげました。

和田さんが企画書を提出して、その勢いのまま進んでいたら、どうでしょうか。

第3章でお話しした「いつもの自分」のことを思い起こしてください。

和田さんは、かつての「いつもの気持ち」「いつもの関わり」「いつもの現実」を生み出していたに違《ちが》いありません。

生まれ育ちの条件によってつくられたインビジブルシェルの中で、「自信家」の心で未来をつくってゆくことになるからです。

しかし、このとき、すでに和田さんの中に育ち始めた「もう1人の自分」は、和田さんの心に大きな影響《えいきょう》を与《あた》えるようになっていました。

和田さんは、「もう1人の自分」の声に従って、目の前の事態を理解し、考え、判断することができるようになっていたのです。

響働《きょうどう》という自分の本心を知った和田さんは、このＳＤＧｓに社員全員で取り組もうと思いました。

そして、社員1人ひとりがＳＤＧｓに関心をもち、心を1つにして進めなければ意味がない。形だけの計画書をつくっても、単なる机上《きじょう》の空論《くうろん》に過ぎず、意味がない。そう考えたのです。

和田さんは、その企画書は提出せず、さらに取り組みを続けることにしました。

魂につながった本心によって、世界からの呼びかけを聴こうとすると、世界へのはたらきかけ方も大きく変わってゆきます。

かつての和田さんは、もうどこにもいません。まったくの別人になった和田さんは、新たな現実を生き始めたのです。

メンバーの変化

和田さんは、プロジェクトの展開の中で、毎回、メンバーがそれぞれの想いを語り、交換《こうかん》し合う場をつくりました。かつての和田さんにはなかった姿勢です。

最初は、メンバー間でも、なぜＳＤＧｓ《エスディージーズ》なのか、その必然が浸透《しんとう》しておらず、「今、ＳＤＧｓが時流《じりゅう》だからね」。そんな意見が少なくなかったのです。

また、執行部《しっこうぶ》の評価を気にして、表向きの正解を語ろうとするメンバーも少なくありませんでした。

しかし、毎回、気持ちを分かち合う中で、1人ひとりの本心があふれてくるようになったのです。メンバーの心が深まり、1つにつながってきました。

気持ちが響《ひび》き合うようになると、具体的な計画は、不思議《ふしぎ》なほどすぐ形になったのです。

和田さんは驚《おどろ》きました。

「GLAのプロジェクトで体験したことと同じことが会社で起こっている」

新たな取り組みを始めてから約半年、2021年10月に完成した企画書を執行部に提出すると、大変高い評価を頂きました。

その甲斐《かい》もあって、会社の中でのSDGsの取り組みは格上げされ、新たにサステナビリティ推進室が設置されました。そして、その室長に和田さんが任命されたのです。

賢者《けんじゃ》の出現——「もう1人の自分」と共に

そんな中、和田さんのサステナビリティ推進室に、ラジオ大阪から、「ぜひ、会社のSDGs《エスディージーズ》の取り組みを紹介してほしい」と出演依頼《いらい》が来たのです。

その話があったとき、和田さんがまず思ったことは、「一緒《いっしょ》にプロジェクトをやっている皆は、どういう気持ちだろうか」。自分が何を話したいかではなく、「メンバーは何を話したいのだろうか」と考えたのです。

自分が出演するというよりも、チーム全員で出演する。自分はその代表の1人。自然とそういう感覚になりました。

それは、かつての和田さんとは同じ人ではありません。

和田さんの「内なる賢者の出現」と言っても過言《かごん》ではないでしょう。

そして、このような気持ちで事態に臨《のぞ》んだ和田さんは、会社の人たちから次々に助力を受けます。

「このデータを使うといい」

「スタジオに持ってゆく機器はこれがいい」

「こんなお土産《みやげ》を持っていったらどうか」

いつの間にか、全社を挙《あ》げての応援《おうえん》を受けていたのです。

「じゃあ、行ってらっしゃい」

圧倒的《あっとうてき》な支持を受けて送り出された和田さんでした。

2023年秋の講演会終了後、参加していた和田さんとロビーで対話する著者。短い時間の中でも、和田さんの人生と仕事、そこで抱いた歓びや悲しみを深く受けとめ、励まし、アドバイスを与えてゆく。

これこそが、魂につながる本心、「もう1人の自分」＝賢者と共に歩む力なのです。

さらに驚《おどろ》いたことに、かつて、あれほど和田さんに厳しかった社長が、その根幹《こんかん》に関わる業務の責任者に和田さんを任命したのです。和田さんの会社は、衛生管理システムを提供する総合メーカーです。その意味で、SDGsは、会社の使命の根幹に関わる目標となります。

かつての和田さんは、ビジネスマンとして、「強い自分になる」ということを意識し、人生を生きてこられたのだと思います。

では、「本当の強さ」とは、どのようなことを言うのでしょうか。

かつての和田さんは、一見強いようで、実際は硬《かた》く、もろく、やや粗暴《そぼう》でさえあったように思います。

一方、「もう1人の自分」を育てた和田さんはどうでしょう。

その人格は、温かく柔軟《じゅうなん》で、それでいて、中心にしっかりと1本の柱が立っています。

本当の強さとは──魂は強いが肉の身は弱い

和田さんの実践《じっせん》に寄り添《そ》う中で、私は、いつもイエスの言葉を想っていました。

「誘惑《ゆうわく》に陥《おちい》らぬよう、目を覚《さ》まして祈っていなさい。魂は燃えていても、肉の身は弱い」

これは、聖書の中でも、もっとも有名な一節であると言ってよいでしょう。

イエスは、十字架《じゅうじか》にかけられる前夜、弟子たちを連れて、ゲッセマネの園《その》で祈りを捧《ささ》げます。

「父よ。できることなら、この杯《さかずき》を私から過ぎ去らせてください。しかし、私が願うようにではなく、御心《みこころ》にかなうことが行われますように」

イエスは、自らの運命を大いなる父に捧げるのです。

しかし、イエスが祈りから戻《もど》ってくると、弟子たちは眠りこけていました。

「まだ眠っているのか。わずか一時《いっとき》も、目を覚ましていられなかったのか」

その姿をご覧《らん》になったイエスは、「魂は燃えていても、肉の身は弱い」と語ったとされています。

私たちは、永遠の生命として、転生《てんしょう》の軌道《きどう》をめぐり、この世界に生まれてきました。

「魂は燃えている」。その言葉は、私たちの内に、永遠の時間を通して強められてきた「魂願《こんがん》」が輝《かがや》いていることをさしています。

「この世界に生まれたら、必ず魂願を生き通す」

誰《だれ》もがそう誓《ちか》って、誕生の門をくぐり、生まれてくるのです。

私たちの内には、どんな苦難にも負けることなく、自らが「この世界に生まれてきた理由」を全《まっと》うしようとする強い必然、エネルギーが満ちています。それこそが「魂願」です。

一方、「肉の身は弱い」。この世界に生まれると、私たちは肉体という衣《ころも》を羽織《はお》ることになります。そして、生まれる前からその場所にあった3つの「ち」を引き受け、この世界にある泥《どろ》の水を吸い込《こ》み、肉体の影響《えいきょう》を受けた「心」は、快感原則に支配されます。

そして、その心は、魂の「カルマ」に同通してしまうのです。

イエスが語った「肉の身は弱い」という言葉は、カルマに翻弄《ほんろう》される私たちを象徴《しょうちょう》しています。

私たちの中に2人の自分——破壊者《はかいしゃ》と魂の賢者《けんじゃ》がいるのです。

肉の身に翻弄される弱い自分から、魂の炎を燃やす「もう1人の自分」を生み出すこと。それは、私たちの内なる破壊者を鎮《しず》め、魂の賢者を呼び出すことにほかなりません。

和田さんの実践は、私たちにその道を教えているのです。

第5章

「賢《けん》者《じゃ》」を呼び出す方法

「もう1人の自分」である「魂」の存在。
魂の次元には、比類なき「賢者《けんじゃ》」の力が蓄《たくわ》えられている。
しかし、同時にそこには
暗転につながる「破壊者《はかいしゃ》」も隠《かく》れている。
重要なのは、「賢者」も「破壊者」も
「心」によって引き出されるということである。
「賢者」を呼び出す心——それが「菩提心《ぼだいしん》」。
私たちは、「菩提心」を掲《かか》げて歩まなければならない。

心と現実はつながっている――すべての大前提

「もう1人の自分」である「魂」の存在――。それは、想像を絶する智慧《ちえ》と力を私たちにもたらしてくれます。

「魂」という次元に目を開いた私たちにとって、「では、これからの人生で、『魂』という広大な力の源泉《げんせん》とどうつき合ってゆくか」が次なるテーマとなります。

なぜなら、「魂」の広大な源泉も、「心」次第《しだい》でその可能性は大きく左右されるからです。前章で見てきたように、「魂」には光と闇《やみ》の側面があり、「賢者《けんじゃ》」と「破壊者《はかいしゃ》」の二面性を抱《いだ》いていることも、それ以上にゆるがせにはできません。そのような「魂」の操縦者《そうじゅうしゃ》となり、管理者となるのが、人間の「心」なのです。

それは、どういうことなのでしょうか。

そのことを考える前に、確認しておくべきことがあります。

「魂」の次元につき合ってゆく際、絶対に忘れてはならない法則があるのです。それは、「心と現実はつながっている」という法則です。言い換《か》えるなら、「私たちの内界と外界はつながっている」ということです。

「心と現実のつながり」と聞けば、多くの人は「それはそうだろう。自分だってそう思っている」と感じるのではないでしょうか。

しかし、一方で、この法則と真剣《しんけん》に向き合うとき、次のような考えが頭をよぎるのではないでしょうか。

「確かに心は大切だ。しかし、心で思っているだけで言葉や行動にしなければ、大《たい》した影響《えいきょう》はないのではないか」

でも、本当にそうなのでしょうか。

内外《うちそと》エネルギー交流――無意識のレベルで交流している

人間と人間の関わり、人間と世界の交流を考えるとき、私たちは、それらが言語的な次元のみならず、非言語的な次元も含《ふく》めて行われていることを考えなければなりません。意識しているレベルだけではなく、意識していない広範《こうはん》な無意識のレベルでも行われているのが、人間と世界の交流なのです。

それゆえ、「魂の学」では、それを**「内外エネルギー交流」**と呼んでいます（図9）。

私たちは絶えず、自分の想いや考えを含めた内界全体のエネルギーを、外側の世界とやりとりしているということです。

内外エネルギー交流

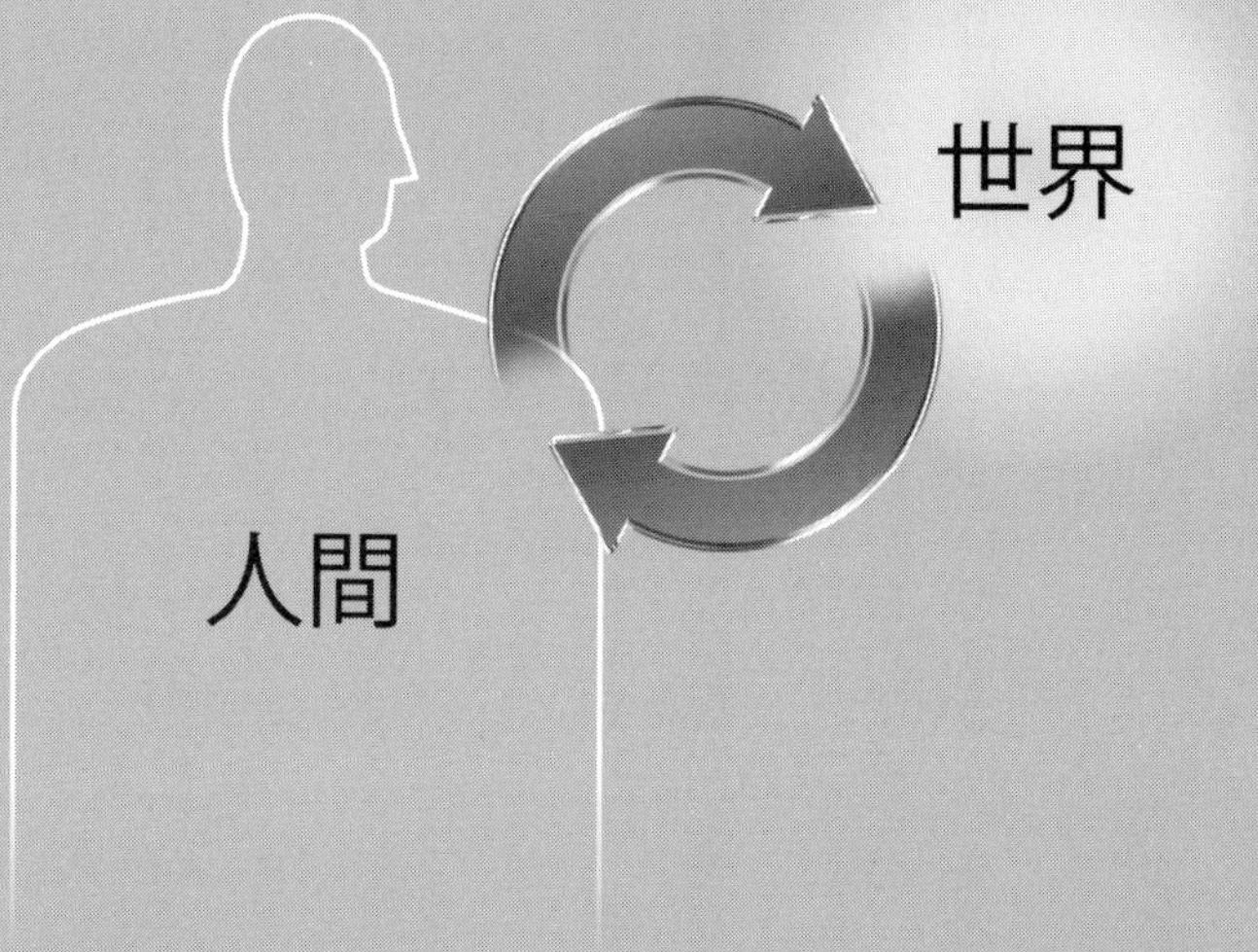

図 9

つまり、本当に思っていることは、エネルギーとして必ず外側の人や世界に伝わってゆきます。

たとえば、「ポジティブシンキングが大切」ということが言われます。ネガティブなことは考えないようにして、ポジティブなことを考え続ければ、ものごとは良い方向に動いてゆく――。

でも、そうはうまくいかないのです。なぜなら、ポジティブなことを考えようとしている自分の奥に、悲観的に考える自分がいたり、自信のない自分がいたりするからです。

想いを隠《かく》そうとしても、本当に想っていることのエネルギーは、確実に相手や外の世界に届き、変化を起こします。私たちが醸《かも》し出している気配《けはい》が影響《えいきょう》を与《あた》えるのも同じです。

そして、その変化が起きた外界のエネルギーを私たちが受けとめ、再び、私たちが生み出す新たなエネルギーを人や世界に届ける……というように、交流を続けてゆくのです。

このように見つめてくると、普《ふ》段《だん》意識している「心」は、内界全体に対して、大きな影響を与えることはないように思われるかもしれません。

しかし、それもまた誤解なのです。私たちが次に確かめなければならないのは、普段意識している「心」の重要性です。「心」がいかに決定的なはたらきを示すかということです。

「魂の賢者《けんじゃ》」の智慧《ちえ》と力を引き出す方法がある

「魂」の次元は、想像を絶するような可能性を抱《いだ》いていて、無尽蔵《むじんぞう》とも言えるエネルギーと力を擁《よう》しています。

しかし、人は、多くの場合、直接その「魂」をコントロールすることはできません。第4章で触《ふ》れたように、私たちは、「心」を通じて「魂」にはたらきかけることになるのです。

「心」は、「魂」というエネルギーのフィルターとして、また、1つの性質をもったエネルギーを集める磁石として、さらに、エネルギータンクのバルブとしてはたらいています。

まず、心がエネルギーのフィルターであるというのは、心によって、エネルギーが色づけられてしまうということです。

エネルギーは、心や想いの傾向《けいこう》によって、その性質がまったく変わってしまいます。共感的で公平な心を通過したエネルギーは、透明《とうめい》で前向きなものとしてはたらきますが、悪意や敵意を抱《かか》えた心を通過したエネルギーは、黒々としたものに変わってしまう。それは、皆さんも容易に想像がつくのではないでしょうか。

また、心が磁石であるというのは、目標やテーマなど、私たちの心が焦点《しょうてん》を抱いたとき、そこに向かってエネルギーを集めることができるということです。

「虚仮《こけ》の一念《いちねん》岩をも通す」——どんな人でも1つのことを一心に念じて行動すれば、大きな仕事ができるということわざは、この磁石の力について語っているものです。

では、エネルギータンクのバルブはどうでしょう。

基本的に、「心」が肯定的《こうていてき》・楽観的で自信をもっているとき、バルブは全開され、エネルギーは際限なく汲《く》み上げられます。逆に、心が否定的・悲観的で自信がなくなると、無意識にバルブが閉まってエネルギーが不足しがちになります（このエネルギーをどう放出するのかは、心の傾向、回路によって違いが生じます）。

それも多くの方が実感されていることではないでしょうか。

このエネルギーのことをベースに考えるならば、「心」が肯定的・楽観的で自信をもっている状態が望ましいと、誰《だれ》もが思うはずです。

でも、事は単純ではありません。

自分勝手な肯定・楽観・自信ではダメなのです。

なぜなら、フィルターや磁石のはたらきがあり、「心」の状態によって、「魂」の次元から引き出されるエネルギーの質が変わってくるからです。

調和された「心」は、「魂」の光のエネルギー（魂願《こんがん》）の流れを汲《く》み上げ、混乱した「心」は、「魂」の闇《やみ》のエネルギー（カルマ）の流れを引き出します。

いくら「心」が肯定的・楽観的で自信をもっているからと言って、周囲を顧《かえり》みない尊《そん》大《だい》な「心」であれば、荒々しく暴力的なエネルギーしか出せません。その結果、混乱した現実を生み出すことになってしまうのです。

つまり、私たちの「心」こそが、魂の「賢者」を引き出すのか、「破壊者《はかいしゃ》」を引き出すのかを決める鍵《かぎ》になっているのです。

では、どうすれば魂の「賢者」の智慧と力を引き出すことができるのでしょうか。

菩提心《ぼだいしん》――誰《だれ》もが抱《いだ》いている光の原石《げんせき》

まず、私たちには、抱くべき「心」があるということです。

求めるべき肯定的《こうていてき》な心とは、自分のことだけではなく、他の人や事態も肯定的に受けとめる心です。体験するすべての出会い、出来事に意味があると受けとめる心です。

求めるべき楽観的な心とは、のんきな心、過信する心ではありません。「どんな困難な状況《じょうきょう》にもまだ可能性がある」と思える心、「道がある」と信じられる心のことです。

求めるべき自信に満ちた心とは、他と比べて優位に立つ心、尊大《そんだい》な心ではありません。自分に自信があるのではなく、世界に流れる神理《しんり》、法則に自信をもつ心、大いなる存在と人間の信と応《こた》えに自信がある心ということです。

これらの肯定的、楽観的、自信に満ちた心――。一言で言うならば、真の意味で、前向きでポジティブ志向の心と捉《とら》えることができるでしょう。

しかし、私たちが求めるべき心は、ほかにもあります。

周囲の人が抱く苦しみや悲しみ、つらさや痛み……。そういう状況に無関心ではいられない心も大切です。

それは、「他人《ひと》の苦しみ、我《わ》が苦しみ」――周りの人たちの悩みを吸い込《こ》んで、一緒《いっしょ》に考えてあげられる心。自分の未熟や足りなさを自覚し、常に周りの人たちに対する畏《い》敬《けい》の気持ちを忘れない心。

現代社会では、人とのコミュニケーションにおいて、常に、早く、明るく、如才《じょさい》なく反応することが求められ、評価されます。

しかし一方で、ゆっくりと、深く、丹念《たんねん》に考える心、沈思黙考《ちんしもっこう》する心も大切なのです。それは、目立たない心かもしれませんが、人間が失ってはならない大切な心の性質です。

これらが全部揃《そろ》って、本当の意味で「魂の賢者《けんじゃ》」を呼び出すことができるのです。私は、その心の総体を「菩提心」と呼んでいます。

想像してみていただきたいのです。

困っている人を見たら、「何とか助けたい」と思ってしまう心。行き詰《づ》まっている事態に出会ったら、「自分にできることはないだろうか」と考える心。

誰もが心の中に、そういう心のかけら＝光の原石を抱いています。

痛みあるところには歓《よろこ》びを、混乱には調和を、停滞《ていたい》の状態には活性を、破壊《はかい》の現実には創造をもたらそうとする心。自分をはみ出して、周囲の人たちや地域のために、また社会のために貢献《こうけん》したいと願う心――。それが、菩提心です。

菩提心とは、もともと仏教の言葉で、菩提＝悟《さと》りを求める心をさし、特に大乗《だいじょう》仏教では、世の人々を救おうとする心であることを強調します。

しかし、「魂の学」では、その精神を受けとめつつも、それを拡張《かくちょう》して、菩提心を**「本当の自らを求め、他を愛し、世界の調和に貢献する心」**と定義しています。

このような「菩提心」を抱くとき、私たちは、無尽蔵《むじんぞう》の叡智《えいち》とエネルギーを抱く「魂の賢者」を引き出す準備を整えることになるのです。

それだけではありません。人間は、自らの生き方全体から1つの周波数を世界に発信すると考えることができます。そして、その周波数に呼応《こおう》するエネルギーを集めたり、共鳴《きょうめい》し合ったりしているのです。

つまり、**菩提心を抱いて生きることとは、菩提心の周波数を世界に放射することになり、その波動に響《ひび》き合い、共鳴するエネルギーを呼び寄せることになるということです。**

あなたが菩提心を抱いて生きるならば、その周波数と響き合う魂が必ず現れます。世界のどこかで、あなたが放《はな》つ周波数と響き合うことを待っている魂がいるのです。その共鳴が何を起こしてゆくのか――それは限りない可能性以外の何ものでもないのです。

自然が映し出す12の菩提心《ぼだいしん》

人は誰《だれ》もが他と異なる個性を抱《いだ》いています。ならば、その本質は共通でありながらも、1人ひとりから輝《かがや》き出す菩提心の光は、画一的《かくいってき》なものではないはずです。

私は、菩提心が放《はな》つ輝きを12の心で表してきました。

「月の心」「火の心」「空の心」「山の心」「稲穂《いなほ》の心」「泉の心」「川の心」「大地の心」「観音《かんのん》の心」「風の心」「海の心」「太陽の心」——。

その多くは、古来、日本人が心を寄せて親しみ、生きる智慧《ちえ》を学んできた自然の姿です。

GLAでは毎年、「新年の集い」で、この12の菩提心の言葉がそれぞれ記された12枚のカード（神理カード）の中から1枚を参加者お1人お1人にお渡しし、1年を生きる指針としていただいています。

その年、1枚の「神理カード」に巡《めぐ》り会った私たちは、それを偶然《ぐうぜん》とは思わず、そこに人生の意味を受けとめようとします。そして多くの方がその1年を生きるテーマの1つに選ばれるのです。

以下、「神理カード」に記された言葉（「　」内の太字の言葉）を手がかりに、それぞれの菩提心のエッセンスについて考えてみましょう（詳しくは拙著『12の菩提心』『新・祈りのみち』を参照）。

月の心

『月』のごとき陰徳《いんとく》の心を育みます。忍土《にんど》の闇《やみ》をひそやかに照《て》らし続けることができますように』

周囲にある輝きを、自らを澄《す》みきった鏡のようにして映し出すのが月です。「月の心」の菩提心とは、自己顕示《けんじ》でも恩着《おんき》せでもなく、他を支え、他を輝かせようとする透明《とうめい》な心です。「忍土」とは、堪《た》え忍《しの》ばなければならない場所という意味で、困難や試練を避《さ》けられない、この現実世界をさしています。

火の心

『火』のごとき熱き心を育みます。現在《いま》にいのちを込《こ》めて人生の仕事を果たすことができますように』

一瞬《いっしゅん》一瞬を完全燃焼しているのが火です。「火の心」の菩提心とは、過去にとらわれることなく、未来を恐れることなく、「今」このときに託《たく》された青写真に我《われ》を忘れて集中し、その呼びかけに全力で応《こた》えようとする心です。

空の心
『空』のごとき自由無碍《むげ》な心を育みます。何ごとにもとらわれず、無心に生きることができますように」

何の境《さかい》ももたず、無限の自由と広がりを体現しているのが空です。「空の心」の菩提心とは、ものごとの区切りや区分けにこだわることなく、あらゆる垣根《かきね》を越えて無心にものごとの本質を受けとめようとする心です。

山の心
『山』のごとき安らぎの心を育みます。いかなる苦難や試練にも、揺《ゆ》らぐことがありませんように」

いかなる事態にも動じることのない不動心を表しているのが山です。「山の心」の菩提心とは、頑《かたく》なに身を固くして動かない心ではありません。あらゆる事態に感応《かんのう》し、あるがままに受けとめながら、重心や中心軸《じく》を決してずらすことのない心です。

稲穂の心
「一切《いっさい》の出会いに感謝できる心を育みます。実るほどに頭《こうべ》を垂《た》れる黄金《こがね》の『稲穂』のごとく——」

多くの助力を忘れず、それをすべて実りに結ぶのが稲穂です。「稲穂の心」の菩提心とは、有形無形《ゆうけいむけい》の助力を忘れることなく、その恩義に報《むく》い、応えようとする心です。

泉の心

『泉』のごとき智慧の心を育みます。道なきところに道を切り開き、不可能を可能に変えることができますように」

途切《とぎ》れることなく、あふれてやまない智慧を体現するのが泉です。「泉の心」の菩提心とは、自らの内側を通じて、世界の深層に流れる叡智《えいち》を汲《く》み上げ、それによって、出会う人々、出会う事態に道を開こうとする心です。

川の心

『川』のごとき清らかな心を育みます。一切のとらわれやこだわりを洗い流すことができますように」

とどまることなき流れによって、すべてを浄化《じょうか》するのが川です。「川の心」の菩提心とは、澱《よど》み、固着して暗転した現実を浄化し、そこに本来の流れを取り戻《もど》して、光を導こうとする心です。

大地の心

『大地』のごとき豊かな心を育みます。あらゆる存在の可能性を引き出すことができますように」

様々な生命を受け入れ、滋養《じよう》を与《あた》えて豊かに育むのが大地です。「大地の心」の菩提心とは、あらゆる存在を包容《ほうよう》し、その可能性を信じて、成長と進化のためのよき縁《えん》として尽《つ》くそうとする心です。

観音の心

『観音』のごとき慈悲《じひ》の心を育みます。人々の苦しみを引き受け、その仏性《ぶっしょう》を守るために」

あらゆる人々の苦しみの声に耳を傾《かたむ》け、そこに手を差し伸《の》べて救う存在が観音菩薩《かんのんぼさつ》です。「観音の心」の菩提心とは、世界と人々の痛みを受けとめ、自らをはみ出して癒《い》やそうとする心です。

風の心

『風』のごとき颯爽《さっそう》とした心を育みます。我意《がい》を超えた切なる願いを自他の心に起こすことができますように」

停滞《ていたい》した場所に新しい空気をもたらすのが風です。「風の心」の菩提心とは、事態や人々がそれまでの状態にとどまることなく、次元を超えて飛躍《ひやく》できるように、関わる人々の願いを引き出し、清新《せいしん》な気配《けはい》をもたらそうとする心です。

海の心

『海』のごとき広き心を育みます。あらゆる個性を包容して全体を1つに結ぶことができますように」

いくつもの川の流れが運んできた、様々な違《ちが》いのあるものをそのまま受け入れているのが海です。「海の心」の菩提心とは、違いを抱《かか》えた異質なものをすべて包容し、それらの違いを超えて、1つに結びつけようとする心です。

太陽の心

『太陽』のごとき愛の心を育みます。自らを捨て、心を尽くして、あらゆる人々の幸せを願うことができますように」

すべての生命のエネルギーの源泉《げんせん》が太陽です。「太陽の心」の菩提心とは、あらゆる「もの」と「こと」を大切に受けとめ、それらを支え、助け、導く力とエネルギーを与えようとする心のことにほかなりません。

12の菩提心《ぼだいしん》を生きるとき

いかがでしょうか。

ここに描《えが》かれているのは、12の菩提心の一端《いったん》ですが、それぞれの菩提心は、ポジティブな心と同時に、周囲のネガティブな事態に寄り添《そ》う心の大切さを物語っています。

そして、様々な輪郭《りんかく》を抱《いだ》いた菩提心の総和が、私たちが求めるべき「心」の総体です。繰《く》り返しますが、このような菩提心1つ1つを心に掲《かか》げて生きるとき、自らの内に湛《たた》えられた限りない力とエネルギーを引き出す準備が整うのです。

それは、魂のエネルギーの「破壊者《はかいしゃ》」の側面を引き出すことなく、「魂の賢者《けんじゃ》」を私たちと私たちの現実にもたらす準備が整うということにほかなりません。

あなたもぜひ、日々の中で、この12の菩提心を思い出していただきたいと思います。

そして、菩提心を掲げて生きることで、菩提心のエネルギーの周波数を世界に発信することができます。その周波数のエネルギーに共鳴《きょうめい》する魂に呼びかけることになるのです。

あなたの内なる「もう1人の自分」は、そう生きることを願っているはずです。

「もう1人の自分」が生まれてくるきっかけは様々です。

ここまでの4つの章でご紹介した実践《じっせん》報告を思い出してください。

第1章の益崎庸介《ますざきようすけ》さんは、それまで周りの人たちとの関わりを断ち切ってきた会社で、自分の心を開いてゆく実践がそのきっかけとなりました。

第2章の宇居弘明《ういひろあき》さんは、閉塞《へいそく》した酪農《らくのう》業界にあって、皆が躊躇《ちゅうちょ》して踏《ふ》み出すことができなかった新しい挑戦《ちょうせん》を始める中で、「もう1人の自分」が現れてきました。

第3章の久門龍明《ひさかどたつあき》さんは、わがまま放題だった自分が突《つ》き当たった試練の中で、「もう1人の自分」を生み出す歩みが始まりました。

第4章の和田玄《わだげん》さんは、会社の体制が変わり、主流派から非主流派に追いやられたことが、新しい自分を探し始めるゴーサインとなったのです。

きっかけは、皆それぞれです。しかし、共通しているのは、人生が思い通り進んでいるときというよりも、壁《かべ》に突《つ》き当たり、思うように前に進めなくなった人生の難所であったということです。

つまり、試練が「もう1人の自分」探しを始めるきっかけとなることが多いということなのです。

試練は、誰《だれ》もがその人生でもっとも出会いたくないものの1つではないでしょうか。しかし、その試練こそが、新しい目覚めのときを運んでくるのです。

もっとも出会いたくない試練を、「もう1人の自分」を生み出すチャンスに転換《てんかん》させてしまうもの——それが菩提心なのです。

実際、試練のときに菩提心を心に置いて生きることが、どれほどの助けになることなのか——。これより、実際にそう生きた方の姿を通して、見てゆきたいと思います。

人生を襲《おそ》った大試練——突然の脳内出血

現在、北陸地方の市役所に勤務する稲積智美《いなづみともみ》さんは、その事実を証《あか》されたお1人です。

稲積さんを襲った大試練——。それは、2016年4月4日の未明《みめい》でした。

当時、28歳だった稲積さんは、突然、脳内出血を起こして病院に運ばれ、8時間に及《およ》ぶ緊急《きんきゅう》手術を受けたのです。

そのとき、姉の裕美《ひろみ》さんが異状に気づかなければ、手術自体がむずかしかったかもしれないと言われたほどでした。まさに稲積さんは、生死を彷徨《さまよ》う経験をされたのです。

その後も、3年の間に計7回の手術を受けました。頭蓋骨《ずがいこつ》を外《はず》した状態でしばらく病院を出たり入ったりの生活。その後、頭蓋骨を戻《もど》す手術や再度、頭蓋骨を外《はず》す手術、頭蓋骨の別の部分を移植する手術などが行われました。

3年間の闘病《とうびょう》

その歩みは、決して順調なものではありませんでした。

4月に倒れ、11月にいったん退院。しかし、1カ月も経《た》たないうちに大腿骨《だいたいこつ》を骨折して再入院。入院中に頭に菌《きん》が入ってしまって化膿《かのう》するということもありました。

そのときは、夜中に違和感《いわかん》があり、何かおかしいと思って頭を触《さわ》ったら、血が手にべっとり付いて、緊急《きんきゅう》の対応が必要になる。そんな事態が絶《た》えることなく続いた3年間の闘病だったのです。

病に倒れる前の稲積さんは、そうした現実など想像もつかない日々を送っていました。

当時、勤務していた銀行では、上司から「稲積さんは窓口の看板」と言われ、信頼《しんらい》されていました。プライベートも充実《じゅうじつ》していました。シンガポールや韓国など、海外旅行に出かけ、ショッピングやファッション、コスメが大好きでした。

しかし、ある日、何の予告もなく、すべてが奪《うば》われてしまったのです。

稲積さんは、身体の右側がまひしてまったく動かなくなり、話すこともできない状態でした。

まさに奈落《ならく》の底としか言いようのない場所に突《つ》き落とされてしまったのです。

人生の生《お》い立ちが生み出したインビジブルシェル

稲積《いなづみ》さんは、富山県の生まれ。漁業が盛んな街の出身です。

母方の祖母の実家は有名な魚屋で、忙しい日々を送っていました。

その中心にいたのは、祖母であり、母親。娘の1人として生まれた稲積さんにも、それだけの期待が注がれることになりました。

稲積さんがよく言われたのは、「ちゃっちゃとしなさい」。何でも手早く、手際《てぎわ》よく、要領よくてきぱきとやること。そう求められました。

共働きだった両親に代わって、幼い稲積さんを育ててくれたのは父方の祖母で、幼稚《ようち》園《えん》の出迎《でむか》えはいつも、このおばあちゃんでした。

稲積さんが「ちゃっちゃ」と行うと、おばあちゃんから、「ともちゃんはいい子、いい子」とすごく褒《ほ》められました。

富山大学を卒業後、銀行に就職した稲積さんは、そこでも、まさに「ちゃっちゃ」と仕事をこなしました。

投資信託《しんたく》の売り上げは常に上位。銀行全体で営業成績が1番になったこともあります。

それは、まさに両親や周囲の大人たちから言われた「ちゃっちゃ」と行動することの大切さと価値を、意識することもなく身に染《し》みこませていたということでしょう。

そして、それが稲積さんの心のインビジブルシェルとなったのです。

「ちゃっちゃ」とできることが、私が私であることの証《あかし》。

それは、稲積さんにとって、かけらほども疑うことのできないことだったのです。

では、そうできなければどうなるでしょう。

それが、病後の稲積さんに突《つ》きつけられた現実でした。

稲積さんは、ある意味で、奇跡的に一命を取り留《と》めました。

しかし同時に、重い後遺症《こういしょう》が残ったのです。

言葉がまったく出てこず、右半身がまひして、車いすで誰《だれ》かに助けてもらわなければ少しも動けない状態でした。スマホの生活が当たり前だったのに、頭が朦朧《もうろう》としていて、スクロール1つできなくなっていたのです。

それが、どれほどの絶望と苦しみを稲積さんに与《あた》えたことでしょうか。

かつてよりずっと成長した

稲積《いなづみ》さんが倒《たお》れてちょうど1年後。私は、金沢で稲積さんとお会いすることになりました。その日、北陸で行われた講演会に稲積さんは何とか参加することができたのです。しかし、お姉さんが車いすを押《お》して現れた稲積さんは身体が不自由な状態でした。まだ、ほとんど話すことができなかったときです。

「私はこれからどうなってゆくのだろう」

稲積さんが体調と未来に不安を抱《かか》えているのを感じた私は、こう切り出しました。

「言葉でお話ししなくても、心で強く念じていれば、私はあなたの気持ちがわかるから、テレパシーでお話ししましょう」

「『こんな私になっちゃって、恥《は》ずかしい』という想いがあるでしょう？」

稲積さんは、「いきなり、どうしてわかるの？」という顔をされました。

心に張《は》りついていたインビジブルシェルから見れば、「ちゃっちゃ」とできない自分はダメな自分です。当時の稲積さんの中に、「こんな自分になってしまって恥ずかしい」という気持ちがあったのです。

少し緊張《きんちょう》した面持《おもも》ちの稲積さんに、私はこうお話しさせていただきました。

「智美ちゃん。大変でしたね。ずっと心配していました。……でも、本当に頑張《がんば》った。不自由が残って、こんな状態になってしまったと自分を恥じる気持ちがあるかもしれない。その気持ちはわかる。でも、そう思う必要はまったくない。あなたの本体は、何も変わっていない。むしろ、あなたは、かつてよりずっと成長した。智慧《ちえ》深《ぶか》くなった。それは、周りの人たちの愛情が見えるようになったから。そして、その愛情に対する感謝の心を育んだから」

「倒れてから、いつも寄り添《そ》い、お母さんのように毎日お弁当をつくってくれたお姉ちゃん。そして、傍《かたわ》らでいつも励《はげ》ましてくれたお父さん。主治医《しゅじい》の先生、リハビリを手伝ってくれた看護師さんたち――。ありがとうと心から言えるようになりましたね。だから、堂々としていいのよ」

そして、これからのこともお話しさせていただきました。

「智美ちゃんが元気になる姿が私には見えます。以前のように、みんなに出会ってゆけばよいと思う。うまく身体が動かなくても、リハビリをしてゆこう。私も協力するから、一緒《いっしょ》にやってゆきましょう」

どのようにして復活したのか――「菩提心《ぼだいしん》」によるリハビリ

突然の病に襲《おそ》われ、絶望し、奈落《ならく》の底に突《つ》き落とされた稲積《いなづみ》さん。3年間で合計7回の手術を受け、その間にリハビリを並行して進めるという状態でした。

その３年間、稲積さんは、どのように歩んでこられたのでしょうか。

そこには「菩提心」が不可欠でした。「菩提心」なくして、その歩みを続けることはできなかったと言っても過言ではありません。

手術を受けてしばらくした後、リハビリが始まりました。

このとき、稲積さんは、この年（２０１６年）の初頭に受け取った「火の心」の「神理カード」のことを想っていました。

先に触《ふ》れたように、ＧＬＡでは「新年の集い」などで、12の菩提心のいずれかの言葉が記された「神理カード」を参加者1人ひとりにお渡ししています。

多くの方は、そのカードを1年を生きる指針として受けとめ、日々、心の支えとしています。

稲積さんも、ごく自然にそう受けとめました。

「火の心」の「神理カード」には、このような言葉が記されています。

「『火』のごとき熱き心を育みます。現在《いま》にいのちを込《こ》めて人生の仕事を果たすことができますように」

火のことを想ってみてください。火は、一瞬一瞬《いっしゅん》、すべてを燃焼し尽《つ》くすように燃えるものです。それは完全燃焼している姿であり、過去を悔《く》やむことなく、未来を思い煩《わずら》うことなく、現在にすべてをかけて集中する心。そして、世界から呼びかけられていること、青写真として託《たく》されていること、そのすべてに全力で応《こた》えようとする心――。それが「火の心」の菩提心です。

稲積さんは、この3年間の最初の1年、3回の手術のとき、そしてリハビリのとき、「火の心」で向かいました。

かつて稲積さんは、「トランペットが吹《ふ》けるようになりたい」と思って練習をしましたが、なかなかうまくならず、あきらめてしまったことがありました。

「トランペットはあきらめられる。でも、今回はあきらめられない」

その想いで、懸命《けんめい》に「火の心」を生きようとしたのです。

「火の心」

稲積《いなづみ》さんを指導してくれたのは、言語聴覚士《ちょうかくし》と作業療法士《りょうほうし》、理学療法士。3つの側面からリハビリに取り組みました。

まず、小学校1年の漢字の書き取りを進めました。そして、「火の心」の菩提心《ぼだいしん》の言葉の書写《しょしゃ》。小学校低学年に戻《もど》ったような拙《つたな》い字でしたが、何とかノートに書写を続けてゆきました。

次に、ベッドから立ち上がる練習を1日に800回重ねました。

また、病室から4階の西病棟《びょうとう》に行くと、歩行訓練の場所があり、杖《つえ》なしで歩けるようになるためのトレーニングができました。稲積さんが一心不乱《いっしんふらん》に取り組んでいたら、消灯時間を過ぎていて、他の患者《かんじゃ》さんが「まだやっているの！」とびっくりすることもありました。

心理学の分野で、「フロー」と呼ばれる心の状態があります。心がフロー状態に入ると、目の前の活動に完全に没頭《ぼっとう》し、周囲のことも時が過ぎるのも忘れるほど集中できるようになるのです。

「火の心」は、稲積さんをフロー状態に導いてくれました。

来る日も来る日も集中してリハビリに取り組んでいたということです。そして、文字が書けるようになり、言葉を取り戻し、歩行もかなり回復していったのです。

「川の心」

それだけではありません。先に触《ふ》れたように、私が、稲積《いなづみ》さんの病後初めてお会いしたとき、彼女は「こんな状態になってしまって恥《は》ずかしい」という想いを抱《かか》えていました。

当初は言葉もうまく話せず、パニックになってしまうこともしばしばでした。かつての自分とのあまりの違《ちが》いに、つらくて泣いてしまうこともありました。

翌年の「神理カード」は「川の心」――。そこに記されていた言葉は、『川』のごとき清らかな心を育みます。一切《いっさい》のとらわれやこだわりを洗い流すことができますように」。ああ、今の自分の心は、とらわれの心。「川の心」を念じて、とらわれとこだわりを浄化《じょうか》する歩みを重ねよう――。

心がつらくなると、稲積さんは、「川の心、川の心」と念じて、新たな自分を生きることに想いを向け続けたのです。

2000年以降、心理学の分野で注目されるようになった「セルフ・コンパッション」(self-compassion)という言葉があります。

セルフ・コンパッションは、失敗や困難、挫折《ざせつ》を経験したとき、自分自身に対して思いやりの気持ちをもち、あるがままの自分を受け入れることを意味します。他人に対する優《やさ》しさと理解を、自分にも向けるのです。

稲積さんは、「川の心」の菩提心によって、セルフ・コンパッションをつくりあげたのです。

「火の心」でリハビリに集中し、「川の心」で立ち止まりそうな心を励《はげ》ます——。

その中で、社会復帰に向かう具体的な歩みが始まりました。

姉の裕美《ひろみ》さんに助けてもらいながら、病院の外に出て街を歩いたり、バスに乗ったりと、現実の生活に合わせたリハビリにも取り組みました。

そして、リハビリだけでなく、出会う事態や出来事にとにかく全力を尽《つ》くして向き合いました。

そうした一歩一歩の積み重ねによって、稲積さんは、ついに2019年、銀行に復職することになったのです。

それは、稲積さんにとって、どれほど大きな励ましになったでしょう。

そして、どれほどの自信となったことでしょう。

「本当にこのままでよいのか」――「もう1人の自分」の出現

しかし、稲積《いなづみ》さんの歩みは、単に「リハビリを通して社会復帰を果たした」というお話ではないのです。

何よりも大切なことは、「火の心」「川の心」の菩提心《ぼだいしん》によって、自分自身の心に張《は》りついたインビジブルシェルを打破《だは》する挑戦《ちょうせん》だったということです。それとともに、稲積さんの中から新しい自分、「もう1人の自分」が生まれてきたということです。

銀行への復職は、3年越しの念願が叶《かな》った現実でした。

職場では、周りの人たちの十分な理解もあり、給料も十分な額でした。

つまり、何の不自由もない職場環境だったのです。

しかし、復職して2年が経《た》った頃《ころ》、自分の奥から、「本当にこのままでよいのか」「これが、自分が本当にやりたいことなのだろうか……」という心の声が聞こえてきたのです。「もう1人の自分」が心の扉《とびら》をノックしてきたということです。

稲積さんは、こう考えました。

自分は、予期せぬ突然《とつぜん》の試練によって、人生の谷底を見た。大きな不安と苦しみを味わった。同時に、そこから抜《ぬ》け出す道を歩み、脱出《だっしゅつ》する経験をした。きっと社会には、私と同じような人生の谷間《たにま》に落ち込《こ》んで、苦しんでいる人がいるに違《ちが》いない。しかし、今の銀行では、そういう方たちと向き合うことはできない。自分はもっと、直接、地域や社会に貢献《こうけん》できる人になりたい――。

稲積さんは、2021年4月に銀行を退職。1年の準備期間を経《へ》て、2022年の4月から市役所に勤務することになったのです。

「魂の賢者《けんじゃ》」を引き出した菩提心《ぼだいしん》――宝の3年間

稲積《いなづみ》さんに起こったことは、普通のことではありません。

考えてみていただきたいのです。

もし、稲積さんが、生まれ育ちの中でつくってきたインビジブルシェルの中にいたままだったら、新たな願いを抱《いだ》き、人生の挑戦《ちょうせん》に向かうという選択《せんたく》が考えられたでしょうか。

以前は、何でも「ちゃっちゃ」とこなす。そうできない自分はダメ、恥《は》ずかしい――。その心では、「人生の谷底で不自由を抱《かか》えた自分だからこそ、同じように苦しんでいる人たちにできることを尽《つ》くしたい」などという考えは、絶対に思い浮《う》かばないのです。

著者は、2023年秋の講演会で、稲積さんが絶望の淵から「もう1人の自分」を見出し、まったく新たな人生へと導かれた歩みを明かしていった。写真は、講演終了後、ロビーで稲積さんの手を取って一緒に歩く著者。

稲積さんが抱いた願いは、インビジブルシェルを打破《だは》することによって現れた「もう1人の自分」が抱いている願いと呼ぶほかないものです。

それは、「魂の賢者」だからこそ抱ける願い――。

そして、それだけの生き方は、中途半端《ちゅうとはんぱ》な内なる力では支えることはできません。優《やさ》しく、智慧《ちえ》深く、ぶれることのない、忍耐《にんたい》強い内なる力が現れているのです。

つまり、3年間を貫《つらぬ》いた「火の心」と「川の心」の菩提心は、稲積さんの内に眠る「魂の賢者」を引き出すことに成功したということです。

心の磁石のはたらきのことを思い出してください。心に焦点《しょうてん》をつくるなら、私たちは、魂の中にある無限のエネルギーを集めることもできるのです。「火の心」「川の心」の言葉を毎日繰《く》り返して念じることは、稲積さんにとって、それを心の磁石とする「行《ぎょう》」のような歩みとなったのです。

2016年の試練は、本当に過酷《かこく》なものでした。発見が少し遅《おく》れたら、稲積さんの人生は、そこで終わっていても不思議《ふしぎ》ではありませんでした。それだけの瀬戸際《せとぎわ》に、稲積さんは追い込《こ》まれたのです。

しかし、その過酷さにふさわしい大転換《てんかん》を果たすことができました。

きっと稲積さんは、これまで生きてきた時間よりもずっと長い人生の時間をこれから生きてゆくことになるでしょう。

そして、その人生全体を眺《なが》めたとき、あのつらく苦しかった3年間は、まさに「宝の3年間」として、特別な輝《かがや》きを放《はな》っているに違《ちが》いありません。

第6章　時代と響《ひび》き合う

それぞれが自由でありながら
全体で1つの行動を示す生命たち――。
それは、何を呼びかけているのだろうか。
様々な違《ちが》いによって社会の分断を抱《かか》え
暴力の波に脅《おびや》かされる世界――。
だからこそ、個を超えて共鳴《きょうめい》する「もう1人の自分」を
世界は必要としている。
それは、一切《いっさい》の条件を超えて人々を1つに結ぶ唯一《ゆいいつ》の基盤《きばん》。
「もう1人の自分」を取り戻《もど》すとき
人は時代と響《ひび》き合う。
時代衝動《しょうどう》に応《こた》える1人となるのである。

不思議《ふしぎ》な共鳴《きょうめい》の秘密

何千というムクドリの群れが、まるで1つの生命体のように互《たが》いの距離《きょり》を保ち、ぶつかることなく、高速のジェットコースターさながらに空間を自由奔放《ほんぽう》に飛び回る――。何万匹というアジやイワシの魚群が、何度も訓練を重ねたかのような完璧《かんぺき》な統率《とうそつ》をとり、自在でありながら、一糸《いっし》乱《みだ》れぬ全体的な行動を示す――。

その同期現象・同調行動は、個々のムクドリや魚たちが響《ひび》き合って一体になっている現実。それを**「共鳴の現実」**と言い換《か》えることもできるでしょう。1度でもこの共鳴の現実を見たことのある人なら、「どうしてこんなことが可能なのか」と不思議に思うはずです。

実は、人間の生命活動においても、それと重なり合うものがあります。もっとも複雑なネットワークを形成している脳の神経細胞（ニューロン）の網目《あみめ》のはたらきです。ニューロン同士はシナプスという連結構造によってつながり、その回路に電気信号が流れることによって、脳の活動が生じていると考えられています。

近年の脳活動測定装置の発達は、脳全体で約1000億個あるとされるニューロンの複雑な同調行動――共鳴を明らかにしつつあります。各ニューロンは、互いに影響《えいきょう》を与《あた》えながら、一糸乱れぬ1つの全体的脳活動をつくり出しているように見えるのです。

そして、その同調行動が、複雑な精神活動や身体活動を生み出していると考える科学者たちがいます。脳自体がシンクロニシティの場、共鳴の場所になっているということです。

私はここに、これからの時代の人間の生き方のヒントがあると思っているのです。

時代や社会の未来を考えるとき、個人と集団、個と全体の問題を考えないわけにはゆきません。私たち1人ひとりと社会の関係と言ってもよいでしょう。

歴史を振《ふ》り返れば、個と全体のどちらを志向するのかによって、社会のあり方が変わり、大きな違《ちが》いを生んできたことが明らかだからです。

これまで、その両者は相矛盾《あいむじゅん》するものと受けとめられてきました。

しかし、共鳴のフィールド（場）が生まれるなら、両者は衝突《しょうとつ》することなく、調和を示すことができる。1人ひとりが自由でありながら、自分を超《こ》えるものに共鳴することによって、全体の調和を保つ生き方がある――。

その観点から、もう1度、先に挙《あ》げた事象を見ていただきたいのです。

ここに示されているのは、個々それぞれは自由であっても、全体が1つの調和的行動になることを、共鳴が可能にしているという事実です。
こうした共鳴の現象は、自然界にのみ見られるものではありません。

時代が生み出そうとしている——共鳴《きょうめい》による発見・発生

17世紀末、万有引力《ばんゆういんりょく》の法則を微積分法《びせきぶんほう》によって発見したのは英国の物理学者アイザック・ニュートンですが、その鍵《かぎ》となった微積分法は、ニュートンとドイツの数学者ゴットフリート・ライプニッツが、同時期に発見していたことが知られています。

19世紀のスコットランドのジェームズ・クラーク・マクスウェルとドイツのハインリッヒ・ヘルツも、別々に電磁気学に関する重要な業績を達成しています。

また、同じ19世紀、英国のチャールズ・ダーウィンは自然淘汰《とうた》の理論により進化論を発表しましたが、同国のアルフレッド・ラッセル・ウォレスも同時期にまったく異なるアプローチによって同じ進化論の考え方を示していました。後に2人は進化論について、150通の書簡を通じて熱心な議論を交《か》わしますが、それぞれの進化論が生まれるまでは何のやり取りもなかったのです。

第1章で触《ふ》れたサードマン現象にも、同期的発見の様子がうかがえます。サードマン現象は、最初にその報告がされた1930年代からの数十年間に集中し、世界中でその現象が共有されています。

そして、このような同期的、同調的現象――共鳴は、その時代が何かを生み出そうとしていることを私たちに教えています。そのような現象は、人類の歴史においても、垣間見《かいまみ》られてきたように思えるのです。

紀元前1万年から7000年頃《ごろ》の狩猟《しゅりょう》採集生活から農業社会への農業革命、紀元前6世紀から5世紀にかけてのギリシア哲学、仏教、儒教《じゅきょう》などの宗教・思想の発展。18世紀から19世紀にかけての産業革命、そして、17世紀後半から19世紀にかけて、近代市民社会を生み出すことになったイギリス革命やアメリカ独立革命、フランス革命といったいわゆる市民革命など、すべてはほぼ同時に各地で発生したことです。

それまでの時代とはまったく異《こと》なる世界観や人間観を導いた発見や革新が、まるで共鳴し合うように各地に起こっていった――。あたかも、時代や世界が、それらの発見や革新を生み出し、知らせようとしているように見えるのです。

それを可能にする世界の構造がある

近年、ミクロの世界において、こうした同期的な現象につながる「量子《りょうし》もつれ」という現象が知られています。

物質の最小単位の次元でもある量子の世界は、日常生活における物理的な現象とはかけ離《はな》れた振《ふ》る舞《ま》いを見せます。そのもっとも顕著《けんちょ》な側面の1つが量子もつれです。

量子もつれとは、ごく微細《びさい》な粒子《りゅうし》同士に強い結びつき、つながりができる現象です。ある物質にレーザーを照射《しょうしゃ》することで飛び出した一対《いっつい》の光子《こうし》(フォトン)や、同じ原子内から叩《たた》き出されて別々の方向に飛んで行った電子のペアなど、1度つながりができると、粒子同士がどれだけ引き離されても、互《たが》いのことが共時的にわかるのです。

普通《ふつう》に考えれば、2つのものの間に何らかのつながりがある場合、その2つの間のコミュニケーションや理解は、必ず時間的なズレを伴《ともな》うものです。たとえ光速のコミュニケーションであったとしても、そこには微細《びさい》な時間的遅《おく》れが生じます。

しかし、量子もつれにおける互いの粒子の理解と伝達には、時間的な遅れがまったくないのです。つまり、光速よりも速い理解と伝達が起こっているということです。離れた場所にある2つのものの同時的理解と伝達——。それもまた、同期的現象と言えるものです。

それは、多くの方にとって、なかなか理解しにくいことかもしれません。**大切なことは、量子もつれは、素粒子《そりゅうし》などのミクロの世界に起こる現象で、世界の基底《きてい》とも言えるレベルでも共鳴《きょうめい》が生じているということです。**

一方、先に触《ふ》れた生物の同調的行動や脳の活動、歴史に垣間見《かいまみ》える同期的発見・同期的発生は、マクロな世界で生じるものでした。

異なるレベルに同じような現象が現れる——何と不思議《ふしぎ》なことでしょうか。

ミクロからマクロに至《いた》るまで、様々な形で同期的・同調的現象が現れている。それは、私たちが生きている世界の構造そのものが、それを可能にし、促《うなが》しているということではないか——。私にはそう思えるのです。

世界の構造が可能にし、促しているように見える共鳴——。まさに今、私たちには、そのような共鳴の生き方が求められているのではないでしょうか。

時代の変わり目にある今

ここ数世紀の間、世界は、欧米を中心にその歩みを進め、自由主義（リベラリズム。

個を尊重し、それぞれの自由を大切にする生き方）の影響《えいきょう》を受けて、個を成長させることに最大の力を注いできました。

私たちは、個を尊重し、また大切にすることによって、自由という理想に社会を一歩近づけることができたと言えるかもしれません。

かつて人々を束縛《そくばく》していた身分制度や社会のルールを撤廃《てっぱい》し、人々を解放して、移動、居住、職業、結婚、信仰《しんこう》に対する自由をもたらしたことは、人間社会の取り組みの大きな成果と言えるでしょう。

しかし、そこから生まれた現実は、望ましいものばかりではありません。

同時に、周囲の人々との協調性や、社会の一体性を希薄《きはく》にしてきた側面があるのではないでしょうか。

1人ひとりが自分を優先して全体がバラバラになり、混乱を引き起こす。それは、エゴイズムの一種とも言えるでしょう。

多くの国の公共の場で、その現実が繰《く》り広げられています。

交通機関において、人々は他を押しのけて乗り込《こ》もうとします。車内でも、周辺への配慮もなく、大声で話したり、電話をかけたり、小さな混乱が日常的に生じています。

災害時は、その傾向《けいこう》が顕著《けんちょ》に表れます。混沌《こんとん》とした状況《じょうきょう》の中で、「我先《われさき》に」と救援物《きゅうえんぶっ》資《し》に押《お》し寄せたり、強奪《ごうだつ》などの犯罪行為《こうい》が発生したりしてしまうのです。

企業や組織のレベルでは、タックスヘイブン（租税回避地《そぜいかいひち》）に本社を置くことで、公平な納税負担《のうぜいふたん》を回避《かいひ》するグローバル企業が当然のように現れ、本来は、国の未来を何よりも慮《おもんばか》るべき官僚《かんりょう》が、国益《こくえき》よりも自分たちの省庁《しょうちょう》の利益を当然のごとく優先する――。エゴイスティックな行動があふれているのではないでしょうか。

さらに、グローバル化によって様々な他民族が社会の中に流入していることは、一層、困難な状況を生み出しています。

欧米諸国の難民・移民の受け入れは、確かに社会の活力を引き出し、ダイバーシティ（多様性）を実現します。しかし一方で、それぞれの文化的背景の違《ちが》いによって、分断を引き起こす原因となります。

実際、多くの移民が流入した国で、治安《ちあん》が悪化し、犯罪や暴力が蔓延《まんえん》しています。

そうした事態に直面しているのは、この問題に長年苦しんできたアメリカだけではありません。ドイツ、フランス、スウェーデンなどにおいても、大きな社会問題となっているのです。

先端《せんたん》の世界問題——3つの「ち」の衝突《しょうとつ》

今、世界で分断を引き起こしている様々な違《ちが》い——民族、文化、慣習、価値観の違いのことを考えてください。それらは、誰《だれ》もがその人生でもたらされる様々な条件、3つの「ち」（114ページ参照）の違いにほかなりません。

もし私たちが、生まれ育ちの中でつくられる「いつもの自分」のままで生きるならば、3つの「ち」はどうすることもできません。

そして、**3つの「ち」がつくり出すインビジブルシェルの中では、常に自分たちの側に正義があり、悪は相手の側にある——そうとしか思えないのです。**

2023年10月7日、イスラム組織ハマスがイスラエルへ奇襲攻撃《きしゅうこうげき》を行い、1400人以上が殺害され、200人以上がガザ地区へ連れ去られました。

これに対してイスラエルは、即時《そくじ》、報復攻撃《ほうふくこうげき》を開始。連日、ガザ地区に戦車や歩兵部隊を投入し、地上作戦を続けています。

ハマスがイスラエルの人たちに行った残虐《ざんぎゃく》な行為は、いかなる理由をもってしても正当化できるものではありません。今回の戦争を始めたのは、確かにハマスです。

ただ一方で、現在イスラエルが行っている報復は、すでに自衛権の範囲を逸脱《いつだつ》し、民間施設への攻撃など、国際人道法に違反している可能性が指摘されています。

ガザ地区に住むパレスチナの人たちの気持ちは、どのようなものでしょうか。

実は、パレスチナの人々の間でも、イスラエルと共存する形でパレスチナ国家を樹立《じゅりつ》しようとする人々と、イスラエルの存在自体を認めない人々との対立があります。現在、ヨルダン川西岸地区を統治している政党ファタハは前者、ハマスは後者の立場です。

イスラエルの存在を否定して自爆テロを重ねてきたハマスが、2007年、ガザ地区からファタハ勢力を追い出し、実効支配し始めたことにより、イスラエルは、テロ防止のために高い壁《かべ》を建設し、ガザ地区全体を封鎖《ふうさ》下に置く政策を強力に進めてきました。これにより、ガザ地区は、しばしば「世界最大の屋外監獄《おくがいかんごく》」と呼ばれています。

ガザに暮らす人たちにとっては、この壁はイスラエルが勝手につくったもの。自分たちは狭《せま》いところに押《お》し込《こ》められ、甚大《じんだい》な被害《ひがい》を被《こうむ》っているとしか思えないでしょう。

ましてや、ガザ地区の淡水《たんすい》資源は限られています。人口集中によって地下水が過剰《かじょう》に汲《く》み上げられているため、水に塩分が混《ま》じるようになってきているそうです。

また、下水処理施設が不十分であるため、未処理の下水が地下水に流れ込んで汚染《おせん》を引き起こしてもいます。

さらに、封鎖によって、商業や農業を含《ふく》む経済活動が大きく制限されています。ガザ地区に限れば、失業率は40%を超え、若者においては70%というデータさえあります。

「封鎖が解かれない限り、私たちは、この中で衰弱《すいじゃく》してゆくだけだ」

「私たちの日常の風景は、大地や山々の稜線《りょうせん》ではない。高いコンクリートの壁だ」

「一生をこの中で暮らす気持ちがどんなものか。われわれをこんな状況《じょうきょう》に陥《おとしい》れたイスラエルを許すことはできない」

「どうして、いきなり他所《よそ》からやってきて、われわれの土地を奪《うば》った連中に、こんな目に遭《あ》わされなければならないのか」

「イスラエルは、オスロ合意で和平に向けて国境線について話し合うと約束したのに、話し合いの最中も入植地を広げ続けてきた」

「イスラエルは、最終的にわれわれの土地をすべて奪うつもりに違《ちが》いない」

それが、ガザ地区に住むパレスチナの人たちの気持ちなのです。

では、イスラエルの人たちはどうでしょう。

「私たちは、好き好んで壁をつくったわけではない。ハマスがイスラエルの存在を認めず、テロを繰《く》り返してきたからだ」

「われわれユダヤ人がヨーロッパ各国で迫害《はくがい》され、ついにはホロコーストの悲劇に見舞《みま》われたのは、ひとえに、自分たちの国をもっていなかったからだ。ようやく手に入れたこの国を失うわけにはいかない」

「そもそもこの土地は、旧約聖書の時代から2000年前まで、われわれユダヤの民《たみ》が王国を営《いとな》んだ土地だったのだ」

「今のガザの状況をつくっているのは、ハマスだ」

「和平への道を壊《こわ》すのは、いつもハマスだ。われわれではない」

「今回の戦争も、そもそもの始まりはハマスからの襲撃《しゅうげき》だ」

「ハマスは、何百という人たちを私たちの土地から連れ去った。家族を殺された人たちもいる」

「これは、もはやテロである。われわれは、テロリストと一緒《いっしょ》に暮らすことはできない」

それが、イスラエルの人たちの想いなのです。

パレスチナ側から見れば、すべての発端《ほったん》は、70年前に突然、自分たちの土地にやってきて、強引に国をつくったイスラエルの側に、もともとの原因があるという想いがあります。

一方、イスラエル側には、2000年前までここにあった自分たちの国をローマ帝国によって滅《ほろ》ぼされ、世界中に離散《りさん》せざるを得ず、それゆえに各地で差別迫害されてきたユダヤの民として、祖国建設を悲願《ひがん》としてきた人々の想いがあります。

長きにわたって、それぞれの地域の人たちには、3つの「ち」が流れ込み、それぞれのインビジブルシェルを強めてきたはずです。

そのインビジブルシェルを抱《かか》えたままで、この分断の問題を解決することができるでしょうか。

3つの「ち」を超《こ》える「もう1人の自分」

国と国、民族と民族。それらの間に生まれる分断と対立、衝突《しょうとつ》と暴力。

この問題を解決する道は、そこに生きる人たちが、自らの内に「もう1人の自分」を生み出すこと以外にはないように思えるのです。

もちろんそれは、言葉で言うほど単純ではないでしょう。

問題の複雑さに精通した識者の中には、「魂の話など論外」「現実ばなれした理想論」と断じる人もあるかもしれません。

しかし、それでもなお私は、この生き方にこそ、一連の問題の解決の道を見出《みいだ》さざるを得《え》ないのです。

「もう1人の自分」は、様々な人生の条件――3つの「ち」以前のものです。それこそが、あらゆる条件や違《ちが》いを超え、人々の共通の基盤《きばん》になり得《う》るものだからです。

そのとき、どの国に生まれようと、どの文化を背景にしようと、どの民族、どの人種であろうと、それらは人生の条件に過ぎないものとなり、そのもっと奥に存在する「魂」に目が開かれてゆくからです。

「もう1人の自分」を確信したとき、私たちは、民族、文化、慣習、様々な価値観など、一切《いっさい》の条件を超えて1つにつながり、共鳴《きょうめい》し合える唯一《ゆいいつ》の根拠《こんきょ》を共有することができるのです。

時代衝動《しょうどう》に応《こた》えようとする「もう1人の自分」

私たちが生きる世界が危機を迎《むか》えるとき、時代がその危機を乗り越えさせる力を生み出すことがあります。

そのような時代の本能、時代がつくり出す力を、私は**「時代衝動」**と呼んでいます。

今、世界の至《いた》るところでつながりが失われ、分断の現実が現れています。様々な違《ちが》いを扱《あつか》いかねて、立ち往生《おうじょう》している——。間違《まちが》いなく世界はその解決を求め、新たなステージを願っているはずです。

重要なことは、私たちが意識するしないにかかわらず、「もう1人の自分」は、共鳴《きょうめい》のフィールドを抱《いだ》いていて、世界の痛み、時代の深い欲求に応えようとしているということです。

思い出してください。かつて歴史が動いたとき、時代衝動の周波数に共鳴して歩んだ魂群《たましいぐん》が必ず存在していました。明治維新《いしん》、フランス革命、米国の奴隷《どれい》解放運動、インドの独立運動しかりです。

時代からの要請《ようせい》に応えて、あたかも互いに申し合わせたように、一斉《いっせい》に立ち上がる人々。これは、本章の冒頭でお話しした量子《りょうし》もつれや、脳の活動、生物の群《むれ》行動が示す同調現象、共鳴の現実に通じるものがあるように思えるのです。

巨大《きょだい》な転換《てんかん》に貢献《こうけん》したのは、自分を超《こ》えて世界のことを想う人々。3つの「ち」を抱《かか》えながら、それを超えて、世界の呼びかけに応えた人々にほかなりません。

それは、まさに「もう1人の自分」を引き出した人々であり、時代が発した周波数に共鳴した魂たちにほかなりません。

「宇宙との響働《きょうどう》」のしるし

第5章でも見てきたように、私たちは皆、それぞれ1つの周波数を発信し、周囲の周波数を受信する存在です。

その周波数が同じになるとき、私たちは共鳴《きょうめい》します。

自分を超えて人々とつながり、世界に応《こた》えることができるのは、「魂」が人々とつながり、世界とつながって共鳴するからです。

その共鳴の1つの形が、私が**「宇宙との響働」**と呼ぶものです。

「宇宙との響働」が起こると、以下のようなしるしが現れます。

偶然《ぐうぜん》の一致《いっち》が起こる
助力者が現れる
思わぬところから道が開かれる

問題の解決を求めて呻吟《しんぎん》していたとき、たまたま入ったカフェのカウンターで、隣《となり》の人が読んでいた雑誌のページに、自分が探していた記事が載《の》っていた。ビジネスランチで人と会っていたとき、たまたま横のテーブルに座《すわ》った人が相手の知人で、話をすると仕事を手伝ってくれることになった。

忙しい時間を割《さ》いて両親の知人の困りごとの相談に乗ったことで感謝され、お礼の食事の場の話の中で偶然、その知人が、自分が仕事でコンタクトを取りたかった人物と親しいことがわかり、すぐに連絡《れんらく》してくださった。

ある製品づくりに没頭《ぼっとう》する中で、何度つくっても思うようにできず、失敗作ばかりのとき、ふと、それとはまったく異なる製品のアイデアが降りてきて、会社の主力製品につながった。

「もう1人の自分」を引き出し、時代衝動《しょうどう》の周波数に共鳴するとき、「宇宙との響働」が起こり、このようなしるしが現れます。

見えない糸でつながり、そのつながりが手繰《たぐ》り寄せられるように自分の前に突如《とつじょ》として現れる。私たちと世界が共鳴するとき、そういうことが起こるのです。

今、時代・世界は、1つの周波数を発《はっ》しています。

「この痛みに応えてほしい。この衝動に応えてほしい——」
そして、誰《だれ》の中にもその周波数と共鳴する力が宿っているのです。

3つの「ち」・インビジブルシェル

現在、都内で国際臨床《りんしょう》検査事業を行う会社の取締役《とりしまりやく》をされている伊原昌義《いはらまさよし》さんも、人生の中で、時代の呼びかけに応《こた》えたお1人です。

しかし、そこに至《いた》るまでには長い歩みが必要でした。

私たちは皆、その人生の始まりに、求めるべきものがわからないまま、生き方の原型をつくってゆきます。

伊原さんも例外ではありませんでした。多くの人々と同様、この世界に生まれることによって、自らの内側にインビジブルシェルをつくり出すことになったのです。

伊原さんの祖父は、九州博多で、一代で財を成した金物屋でした。家庭金物の商売を始め、戦後、軍需産業でお払《はら》い箱となった金物を払い受け、鍋釜《なべかま》をつくって一財産をつくりました。

戦争が終わり、戦地から引き揚《あ》げてきた多くの方々を雇《やと》い、さらに事業を拡大。伊原さんが生まれた頃《ころ》から、長者番付の常連でした。日本の長者番付トップ10に入ったこともあります。

伊原さんの父親は、そんな祖父の三男として育ちました。伊原さんが小さかった頃は、よく別荘《べっそう》に行き、バーベキューをしたり、花火をしたり、たびたび旅行にも連れて行ってもらいました。

博多の繁華街《はんかがい》である中洲《なかす》は、自宅から歩いて2、3分のところにあり、3日に1度は家族でごはんを食べに行っていました。絵に描《か》いたような裕福《ゆうふく》な家庭だったのです。

しかし、昭和から平成に時代が移ると、徐々に家業に翳《かげ》りが見えてきます。

そして、バブルのピーク時に、伊原家を興《おこ》した祖父母が亡くなります。

やがてバブルが崩壊《ほうかい》し、土地の価格がどんどん下降。祖父母の遺産《いさん》には莫大《ばくだい》な相続税がかかり、1回では払うことができずに延滞《えんたい》。銀行からも借金し、最後は全財産を売却《ばいきゃく》することになりました。

100億あった父親の財産は、あっという間に消えてなくなってしまったのです。

父親は最期、心臓病とがんを患《わずら》い、そんな中で財産をすべて失って家族を残してゆかなければならなかった無念は、どれほどのものだったでしょうか。

母親は、やがてアパートに住まなければなりませんでした。財産のみならず、地位も名誉《めいよ》もすべて剥《は》ぎ取られることになったのです。

伊原さんにとっても、まさか自分の一族がこのような顚末《てんまつ》をたどることになるとは思いもしなかったに違《ちが》いありません。

「お家《いえ》再《さい》興《こう》」というインビジブルシェルの想い

伊原《いはら》さんは2人兄弟の長男。長男としての期待も注がれました。高校を卒業し、英語を学びたくてイギリスに留学。しかし、イギリスでの大学受験に失敗。希望の大学には進めないまま、3年間の留学を終えて日本に帰ってきたのです。日本に戻《もど》ると、伊原さんは、大物政治家の秘書となり、そのグループ会社に勤務することになります。いわゆる鞄持《かばんも》ちを務めました。

様々な政治家と知り合い、有名な経営者や地域の有力者にも多くの知己《ちき》を得ました。そういう中で、自分が一流の人間になったような気持ちになっていったのです。

その頃《ころ》から、伊原さんの中に様々な野心《やしん》が生まれてきます。あれもこれもと貪《むさぼ》り、「もっともっと」と求めるようになっていたのです。

伊原さんは、政治家の私設秘書を4年で退職。多方面に気を配りながらの仕事に疲《つか》れ果ててしまい、「もうこれ以上はできない」と辞《や》めることになったのです。

その後、伊原さんは父親の会社に入ります。

さらに、その実家の会社とは別に、2010年、東京に出て、パートナー3人とクレジットカード決済《けっさい》会社を設立し、新しい人生を歩み始めたのです。

ところが、伊原さんが実家の会社に入った頃から、会社が傾《かたむ》き始めました。あれほど裕福《ゆうふく》だった家がどんどん傾いてゆく。自分は伊原家の土地を守り、増やさなければならない。

それが、伊原さんが引き受けた3つの「ち」でした。その3つの「ち」によって、伊原さんの心は、インビジブルシェルに覆《おお》われることになったのです。

その見えざる心の殻《から》の中で生まれた想い——それは、「お家再興」でした。

もし、このインビジブルシェルのまま、政治家秘書から父親の会社を経《へ》て、東京でクレジットカードの仕事をしていたら、伊原さんはどのような人生を送っていたでしょうか。すべては、お家再興に費《つい》やされていたでしょう。

「わかりました！」――第1のユニバース体験

伊原《いはら》さんが上京する少し前の2004年頃《ごろ》、実は、夫婦の関係は最悪でした。気持ちはすれ違《ちが》い、相手を思いやることもむずかしい状態でした。伊原さんは、冷静に話そうとしても、すぐに自分を抑《おさ》えることができなくなり、気持ちが爆発《ばくはつ》。頭ごなしに罵倒《ばとう》してしまい、じっくり話し合うこともできません。

伊原さんは、自分の心を持て余《あま》していました。「これではダメだ」と感じていても、どうすることもできず、悶々《もんもん》としていました。

伊原さんは、当時を振《ふ》り返り、「妻には大変な苦労をかけた」と言います。

実際、奥様も、「もうダメかな」と思い、離婚を申し出る寸前でした。

そんな頃《ころ》、知人のクリニックの院長夫人が伊原夫妻を昼食に招待。普通なら、絶対に行かない伊原さんも、なぜか一緒《いっしょ》に出かけたのです。

そこで夫人から「魂の学」の「煩悩地図《ぼんのうちず》」（心の受信・発信と現実との関係を明らかにする心の地図）の説明を受けました。夫人は、特に「自信家」の回路を詳《くわ》しく説明したのです。

「自信家」は、120ページにあるように、楽観的で肯定的《こうていてき》な受信と、積極的でエネルギッシュな発信が特徴《とくちょう》で、快の刺激《しげき》を「もっともっと」と求める傾向《けいこう》があります。優位の態度が強く、支配的な言動のために、対立や反発を生じることが少なくありません。

夫人は、伊原さんにこの傾向があると見抜《みぬ》いていたのです。

すると、伊原さんに不思議《ふしぎ》なことが起こりました。頭の上から心に、雷《かみなり》のようなものすごいエネルギーの塊《かたまり》がドーンと落ちてきました。

そのとき、伊原さんは突然《とつぜん》、叫《さけ》ぶように言葉を発《はっ》したのです。

「わかりましたーっ！」

「そうだった。そうだった。もう、その通りです」

涙《なみだ》があふれ出し、その場で奥様に「悪かった、申し訳なかった」と謝《あやま》りました。

誰《だれ》よりも驚《おどろ》いたのは、謝られた奥様でした。

伊原さんは、それまでは苦しくて寝られなかったのが、翌日からは、うれしくて寝られなくなりました。スキップして町を歩きたいくらいでした。

それから3日ほどは、身体中にエネルギーが満ちあふれ、手から放電しているような感じだったのです。

不思議なことです。なぜ、このようなことが起こったのでしょうか。

心の渦《うず》を脱《だっ》する──「もう1人の自分」体験

「自信家」の回路は、意のままに他人を操《あやつ》ろうと支配的になることが1つの特徴《とくちょう》です。伊《い》原《はら》さんは、周囲の人たちや奥様に対して、ごく自然に、意識することもなく、そのように接していました。

今日《こんにち》の社会で、思い通りに「他人を動かすこと」は、プラスの評価を受けるかもしれません。ビジネスの世界ではなおさらです。

しかし、「魂の学」ではそうではないのです。手練《てれん》手管《てくだ》で望み通り他人を動かしても、それは本来の光転、事態に託《たく》された青写真の成就《じょうじゅ》とは異なるものだからです。

特に、人間関係においては破壊的《はかいてき》です。そういう関わり方をされてよい気持ちになる人などいません。関われば関わるほど、周囲は疲弊《ひへい》してゆきます。

会社の経営がむずかしくなってからは、さらに伊原さんが荒れるようになり、暴言《ぼうげん》を吐《は》くことも日常的でした。夫婦の間も、家庭も、殺伐《さつばつ》とした雰囲気にならざるを得ませんでした。

奥様は疲弊の度合いを深めていました。もう希望を抱《いだ》けなくなっていたのです。どうすることもできなくなっていたのは、伊原さんも同じです。目の前の状況が悪化してゆくのを感じ、何とかしようといろいろ考え、気を遣《つか》ったつもりでも、相変わらず支配的に「他人を動かす」やり方のために、道は開けない――。

考えれば考えるほど、何とかしようとすればするほど、事態は行き詰《づ》まり、どうすることもできない状態でした。

まるで心の渦に巻き込《こ》まれてゆくように、身動きが取れなくなっていたのです。その心の渦は自分がつくり出したものでしたが、その中でどうすることもできず、もがいていたのが伊原さんだったのです。

しかし、煩悩地図《ぼんのうちず》の説明を受けた瞬間《しゅんかん》、出口が見えなかった混沌《こんとん》に「道」が見えたのです。

「自分は間違っていた。よかれと思ってやってきた道が違《ちが》っていたんだ――」

自由を失い、流れに押《お》し流される自分の様子を見つめる別の自分が生まれたかのようでした。

伊原さんは、このとき、初めて自分の中にいる「もう1人の自分」に触《ふ》れる体験をしたということなのです。もがいている自分を上から見ている自分が生まれ、なぜこうなってしまうのか、どうしてうまくいかないのか、その道筋《みちすじ》を見ることができたのです。

それは、同時に、それを転換《てんかん》する道が見えた瞬間でした。謎《なぞ》だらけだった事態の鍵穴《かぎあな》が見えたのです。

そのとき、伊原さんは、世界から切り離《はな》されていた自分が、世界そのものと一体になるような感覚を味わっていました。

これが、伊原さんの1回目のユニバース体験（50ページ参照）であり、共鳴《きょうめい》体験と言えるものでした。

血液事業への参入

その後、伊原《いはら》さんは不思議《ふしぎ》なご縁《えん》に導かれるように、インドの人たちの血液検査事業に携《たずさ》わるようになります。

2016年には、そのための新たな会社を設立。ちょうどその頃《ころ》、政府主導で、日本とインドの間に様々な協力関係が締結《ていけつ》されるようになってゆきます。

日本の血液検査技術は世界一。その力でインドの医療《いりょう》の発展に貢献《こうけん》できる——。

しかし、ようやくその歩みが始まった矢先、2019年末から生じたコロナ禍《か》の影響《えいきょう》で、事業が頓挫《とんざ》してしまったのです。

インドでの展開が困難になる中、コロナ禍での需要《じゅよう》もあり、「ならば」ということで、同じ検査業務を転用してPCR《ピーシーアール》事業を手がけることにしました。

半年ほどかけて申請《しんせい》準備を整え、2020年11月、PCR検査所をオープン。

しかし、その頃、多くの会社が参入したことで価格破壊《はかい》が起こり、伊原さんの事業は立ちゆかなくなってしまいます。

もう閉めるしかない。万事休《ばんじきゅう》すという状態でした。

新たな一歩を踏み出そうとした途端《とたん》、世界からNO《ノー》が来て道が閉ざされる。一歩進んで二歩下がる。当時の伊原さんは、そんな人生の踊《おど》り場《ば》にいたのです。

魂の存在を確信する——第2のユニバース体験

伊原《いはら》さんが人生の踊《おど》り場《ば》に入り込《こ》む少し前、コロナパンデミックが起こる2年前のことです。

2018年、GLAの「新年の集い」が開催《かいさい》され、私は、講演の後、初めて伊原さんとお会いしました。

毎年「新年の集い」では、新たな1年を生きるための手がかりとして、12の菩提心《ぼだいしん》（205ページ参照）の言葉が記された名刺大《めいしだい》の「神理カード」を参加者にお渡しします。

私も、参加者に「神理カード」をお渡しし、伊原さんもその中のお1人だったのです。

そのとき、私が伊原さんにお渡ししたのは、「海の心」の菩提心のカード。「あらゆるものを包容《ほうよう》して、全体を1つに結ぶ」という言葉が記されたものでした。

なぜなら、伊原さんのこれからの歩みにおいて、それはどうしても必要な心だったからです（伊原さんも、このカードを大切に受けとめ、その後2年間、「海の心」の言葉を想いを込めて書き写す「書写行《しょしゃぎょう》」に取り組みました）。

そして、この私との出会いの中で、伊原さんは、再び自らの中の「もう1人の自分」に触《ふ》れる体験をすることになります。

亡《な》きお父様が、私を通して、伊原さんに語りかけてきたのです。

プロローグで触れた私自身の「もう1人の自分」体験の積み重ねから、私は、この世界にあって、魂の存在と同通する力をもたらされ、2つの世界をつなぎ、その想いやエネルギーを伝える役割を与《あた》えられています。

亡き父親の魂は、愛する息子に今の気持ちを伝えたがっていました。

「お父様がずっとあなたのことをご覧《らん》になっていますよ。母さんと昔、ラメールへよく行っていたことを思い出されています」

「ああ、ラメールの話ですか」

伊原さんの記憶《きおく》にも残っているレストランの名前でした。

父親は、昔、金物屋をしていた頃《ころ》の商店街の様子を懐《なつ》かしそうに語りかけながら、息子に今、どうしても伝えなければならない想いを伝えてきたのです。

「自分は最期、十分なことができなかった。先祖の財産を失ったことがお前に負担《ふたん》をかけることになって……すまなかった。それがお前の焦《あせ》りにもつながっている。でも、一発逆転をねらうな」

「お前も、そろそろ本当の仕事を考えるときだ。人生の仕事のことを考えてほしい」

伊原さんは、深く頷《うなず》きながらその言葉を聞いていました。

その伊原さんに、私はこうお伝えしました。

「いいお父様ね。そのお気持ちを受けて、自分の心を磨《みが》いてください。それが未来をつくってゆきますよ。今が、伊原さんにとって、人生の仕事を見つけるときです」

伊原さんは、席に戻《もど》っても、30分ほど感動で震《ふる》えが止まりませんでした。

そして後日、こうおっしゃっています。

「このときほど、人間は魂であると実感したことはありません」

「もう1人の自分」の自覚は、自らが魂の存在であることの発見でもあるのです。

お家《いえ》再興《さいこう》の誘惑《ゆうわく》に打ち克《か》ち、医療《いりょう》の志に応《こた》える

伊原さんにとって、この出来事がいかに大きな体験であったか、言葉にすることができないほどです。

PCR《ピーシーアール》事業は行き止まり。その中で、2021年1月に政府がPCRモニタリング事業を始めます。その予算として、3000億円が計上されました。

しかし、実績のない伊原さんたちの会社がこの事業に参入できる可能性は、ほとんどありませんでした。

ところが、奇跡《きせき》が起こります。

ソフトバンクと楽天に続き、何の実績もない伊原さんの会社が採択《さいたく》されたのです。

その結果、大きなお金が動くことになりました。

すると、どうしても「もっと、もっと」と、お金に執着《しゅうちゃく》する気持ちが出てきます。

それが、心に張《は》りついたインビジブルシェルの「お家再興」の気持ちなのです。

しかし、伊原さんのインビジブルシェルは、すでに打破《だは》されつつありました。

そして、GLAの集いで、コロナと闘《たたか》う医療者の実践に触《ふ》れたことは、今、どこに向かって歩むべきかの指針となり、伊原さんの大きな支えとなり、勇気をもらったのです。

「現場の医療者の皆さんは、身を粉《こ》にして働かれている。自分も、その志にこそ応えたい」——心が定まりました。

「儲《もう》かる、儲からないという話ではない」

「検査によって早期発見と感染《かんせん》防止を実現し、多くの方の命を救うこと」

それは、「もう1人の自分」が伝えてくる声でした。

伊原さんは、その声を聴いたのです。

魂につながる強い必然を抱《いだ》く

政府はお金を用意し、地方自治体に配る。お金だけ渡して、仕事は全部、自治体に丸投げする。それでは自治体は「やらされ感」でいっぱいになってしまいます。

ませんでした。

「既得権益《きとくけんえき》、組織防衛、自己保身」。その中で、なかなか事業を前に進めることができ

国民がこんなに苦しんでいるのに、てんでんばらばらな状況《じょうきょう》を見て、伊原さんは切れそうになることが何度もありました。

もし、伊原さんが、インビジブルシェルの中で「お家再興《いえさいこう》をしなければ」と、かつての気持ちでPCR《ピーシーアール》モニタリング事業に着手していたらどうでしょう。

そこに強い必然を感じることはできず、途中《とちゅう》で手放してしまったかもしれません。

インビジブルシェルの中では、早晩《そうばん》、手応《てごた》えを感じられなくなり、エネルギーがストップしても不思議《ふしぎ》ではないのです。

もちろん、政府から資金が入ってくる以上、形としての事業は継続《けいぞく》したでしょう。しかし、心はもはやここにあらず――。やがて事業を手放すことになっていたのではないでしょうか。

そんな中、伊原さんたちは、「検査に来てもらうだけではなく、こちらから出かけてゆくことはできないか」と考えました。

バスで住宅地を回り、車内で検査ができるようにしたのです。もちろん、容易に実現

できたわけではありません。そのプロセスは試練の連続でした。

バス会社は経営難に直面していたため、経営陣《じん》は前向きでしたが、組合は猛《もう》反対。その人たちの間を回って、1人ひとりを説得しました。

国から言われてやったことではありません。伊原さんの会社は検査会社です。自分からはみ出して、必要以上のことに挑戦《ちょうせん》したのです。

それは、伊原さんがこのことに強い必然を抱いていたからです。

もし、伊原さんにその気持ちがなければ、このシステムは具体的に結実することはなかったでしょう。それは明らかな事実です。

共鳴《きょうめい》する人々のつながり

同時に、その歩みの中で多くの心ある人たちとも出会いました。名前も知らない多くの方々が、この取り組みに協力してくださったのです。

派遣の人たちも、寒い中、いすを用意して、おじいちゃん、おばあちゃんに座《すわ》ってもらい、カイロを配ってあげる。

若い人たちの中にも、素晴らしい人がたくさんいました。高校生や中学生のお孫さんたちが、多忙な両親の代わりに祖父母を検査場まで連れてきてくれる。

1人ひとりの心の奥にある菩提心《ぼだいしん》を感じた伊原《いはら》さんは、「やっぱり、みんな魂の存在なんだ」と思ったのです。

そして、高齢《こうれい》の皆さんに「よく来てくれました」とお話しすると、すごく歓《よろこ》んでくださる。そういう方々の姿を目の当《ま》たり《あ》にしたとき、伊原さんは、自分の体《てい》たらくが許せなくなりました。

「もっと行けたのに、もっと救えたかもしれないのに……」

悔《くや》しくて仕方《しかた》がなかったのです。

志をもって取り組んだ結果、伊原さんは、1つの実感を抱《いだ》くようになります。

「本心から懸命《けんめい》に世界のために取り組むなら、必ずその志に共鳴してくれる人たちがいる。それは紛《まぎ》れもない事実――」

ここに現れている伊原さんの変貌《へんぼう》に、私は驚《おどろ》きを禁じ得《え》ません。

考えてみるならば、伊原さんは、もともと自分の意のままに「他人を動かす」やり方で生きてきました。それが1番よいことと思い、真剣《しんけん》に間違《まちが》って努力してきたのが伊原さんです。当然、そのやり方では、様々な歪《ゆが》みが現れることになりました。

しかし、その後、「魂の学」と出会い、自分と世界の真実の関係に目覚め、自分を超えて世界のために応《こた》えようと力を尽《つ》くすようになっていったのです。人々と共鳴し、天と響《ひび》き合う魂——。他人を動かすことを考えていた伊原さんが、皆と一緒《いっしょ》に共鳴して何かを成し遂《と》げようとする伊原さんになっていました。

それは、「魂の学」がめざす本来の青写真成就《じょうじゅ》の道です。そこには、もう1人の伊原さんが出現しているとしか言いようがないのです。

宇宙との響働《きょうどう》——さらなる歩みへ

2023年5月、政府は、新型コロナを5類感染症《かんせんしょう》に移行させます。無料PCR《ピーシーアール》事業は終了し、ほとんどの事業者は解散することになりました。

しかし、伊原《いはら》さんたちは、PCR検査体制はまだ必要であり、誰《だれ》かが維持《いじ》しなければならない。だから、赤字になっても自分たちは続けようと考えました。

伊原さんは、それが世界から呼びかけられていることだと受けとめ、その呼びかけに応《こた》えようとしたのです。

そのような中、国から連絡が入ります。

「ある県で野生動物の感染症が蔓延《まんえん》して大変な状況《じょうきょう》になっている。現地でもＰＣＲ検査はできるが、数週間かかってしまう。伊原さん、何かよい方法はないですか？」という相談でした。

なぜ、伊原さんの会社にこのような相談があったのかと言えば、この間の伊原さんの会社の誠実な取り組みを、農林水産省が評価したからでした。

伊原さんは、「自分のところなら3日で結果を出せます」という提案書を提出します。すると、農林水産省から「では一緒《いっしょ》に実証実験をしたい」との返答が来ました。

実験が終わった段階で、農林水産省から推薦《すいせん》を受け、ほとんどの都道府県と検査業務の契約《けいやく》をすることになりました。

不思議《ふしぎ》な巡《めぐ》り合わせですが、こうして伊原さんたちの事業は、次の展開に向かうことになったのです。

伊原さんの歩みの過程には、いくつもの宇宙との響働のしるしが現れています。

２０２０年の初頭より世界がコロナパンデミックに襲《おそ》われる中で、わが国においてもＰＣＲ検査体制の拡大は国民の健康を守るための喫緊《きっきん》の課題となり、伊原さんは、その時代の要請《ようせい》に応えるようにして、ＰＣＲ検査に関わるようになります。

しかしそれは、決して意図的なものではありませんでした。

そもそも伊原さんが携わっていたのは、血液検査事業です。しかし、コロナ禍《か》でインドでの展開が困難になり、その技術をPCR検査に転用したことが事《こと》の始まりです。まさに「偶然《ぐうぜん》」のように、PCRに関わるようになったのです。

参入してみたものの、他の多くの会社が加わることによって、その道はすぐに行き止まりを迎《むか》えます。

しかし、2021年1月、国のPCRモニタリング事業に採択《さいたく》されます。これも常識では考えられないことでした。奇跡《きせき》のような展開によって、その道は次につながってゆきます。

コロナが収束《しゅうそく》に向かう頃《ころ》、伊原さんたちのPCR事業は、再び立ちゆかなくなります。ほとんどの同業者は、事業の閉鎖《へいさ》を余儀《よぎ》なくされました。

しかし、採算は合わなくても「これは必要なことだ」と考え、PCR検査を続けていた伊原さんの会社に、今度は野生動物のPCR検査の道が開かれていったのです。

これらはいずれも、「思わぬところから道が開かれる」としか言いようのない出来事でした。

偶然《ぐうぜん》の一致《いっち》が起こり、助力者が現れ、思わぬところから道が開かれる――。

伊原さんは、まさに宇宙との響働によって、この3年を歩んできたのです。

誰《だれ》もが時代と響《ひび》き合う

伊原さんは、なぜ、そのような天からの恩恵《おんけい》を賜《たまわ》ることができたのでしょうか。

それは、伊原さんが「もう1人の自分」の声に耳を傾《かたむ》け続けたからにほかなりません。身を粉《こ》にした医療者《いりょうしゃ》の方々の実践《じっせん》に触《ふ》れて、「採算を度外視《どがいし》してでも、多くの人たちの命を救いたい」と願ったこと。

検査に来てもらうだけではなく、「こちらから出かけてゆくことはできないか」と考えたこと。

あれほど努力したにもかかわらず、自分の体《てい》たらくが許せず、「もっと行けた、もっと救えた」と後悔《こうかい》し、地団駄《じだんだ》を踏《ふ》んだこと。

そして、コロナが5類となり、同業者が次々と解散してゆく状況《じょうきょう》にあってさえ、なお「誰かが検査体制を維持《いじ》しなければならない。だから、赤字になっても自分たちは続けよう」と判断したこと。

インビジブルシェルを打破し、「ユニバース体験」を通して「もう１人の自分」に目覚めていった伊原さん。その歩みは、人生と仕事を一変させたばかりでなく、時代衝動に応え、宇宙と響働する道であることが、著者との対話の中で明かされていった。

これらは、お家再興《いえさいこう》のインビジブルシェルの中では、決して生まれてこない考えであり、判断です。伊原さんの中の「もう1人の自分」が抱《いだ》いている気持ちなのです。

伊原さんは、自らの人生を「もう1人の自分」に預けました。

そして、その伊原さんの歩みが示しているのは、「もう1人の自分」こそが、宇宙との響働《きょうどう》を起こすことができたということです。

逆に言えば、宇宙との響働を起こすことができるのは、「もう1人の自分」をおいてほかにはないということなのです。

そして、そのような宇宙との響働の歩みは、時代と響き合う伊原さんの人生のミッションと深くつながっています。

それは、伊原さんに限ったことではありません。

私たちは誰もが、内なる「もう1人の自分」を通じて、時代と響き合う存在です。

人生の中で抱《かか》える課題と、そこで与《あた》えられるミッションは、個人的な条件によって成り立っているように見えます。

しかし、1人ひとりが抱える問題やテーマには、実は、その時代・社会が大きく反映しています。

1人の人間が人生で取り組むことは、多くの人々と共鳴《きょうめい》するかけらとなり得《う》るものであり、人々をつないでゆくチャンネルになるのです。

真剣《しんけん》に、真摯《しんし》に、人生からの呼びかけに応《こた》え、そのミッションを生きようとするとき、そこから1つの周波数が世界に放《はな》たれます。

その周波数を通じて、共鳴し合う人々が必ず世界のどこかにいる——。

私たちは、誰もが時代と響き合う存在なのです。

◎本書の内容をさらに深く知りたい方へ

本書の内容をさらに深く知りたいと思われる方には、高橋佳子氏が提唱する「魂の学」を学び実践する場、GLAがあります。
詳しくは下記までご連絡ください。

GLA
〒111-0034 東京都台東区雷門2-18-3　Tel.03-3843-7001
https://www.gla.or.jp/

また、高橋佳子氏の講演会が、毎年、開催されています。
詳しい開催概要等については、以下までお問い合わせください。

高橋佳子講演会実行委員会
お問い合わせ専用ダイヤル Tel.03-5828-1587
https://www.keikotakahashi-lecture.jp/

著者プロフィール

高橋佳子（たかはし けいこ）

現代社会が抱える様々な課題の根本に、人間が永遠の生命としての「魂の原点」を見失った存在の空洞化があると説き、その原点回復を導く新たな人間観・世界観を「魂の学」として集成。誰もが、日々の生活の中でその道を歩めるように、実践の原則と手法を体系化している。現在、「魂の学」の実践団体GLAを主宰し、講義や個人指導は年間300回以上に及ぶ。あらゆる世代・職業の人々の人生に寄り添い、導くとともに、日本と世界の未来を見すえて、21世紀の新しいリーダー育成のために「トータルライフ（TL）人間学セミナー」を1996年より毎年開催し、経営・医療・教育・法務・福祉・芸術など、様々な分野の専門家への指導にあたる。魂の次元から現実の問題を捉える卓越した指導は、まさに「人生と仕事の総合コンサルタント」として、各方面から絶大な信頼が寄せられている。1992年から一般に向けて各地で開催する講演会には、これまでに延べ170万人が参加。著書は『人生を取り戻す』『2つの扉』『ゴールデンパス』『自分を知る力』『最高の人生のつくり方』『運命の逆転』『1億総自己ベストの時代』『魂の冒険』『新・祈りのみち』（以上、三宝出版）など90冊を超える。

もう1人の自分――「魂の賢者」を呼び覚ます

2024年2月14日　初版第1刷発行
2024年8月22日　初版第3刷発行

著　者　高橋佳子
発行者　田中圭樹
発行所　三宝出版株式会社
　　　　〒111-0034　東京都台東区雷門2-3-10
　　　　電話　03-5828-0600　https://www.sampoh.co.jp/
印刷所　株式会社アクティブ
装　幀　株式会社ブッチ

ISBN978-4-87928-143-2